rowohlts monographien
begründet von Kurt Kusenberg
herausgegeben
von Wolfgang Müller und Uwe Naumann

Christoph Kolumbus

mit Selbstzeugnissen
und Bilddokumenten
dargestellt von
Andreas Venzke

rororo
Rowohlt

Dieser Band wurde eigens für «rowohlts monographien» geschrieben
Den Anhang besorgte der Autor
Herausgeber: Wolfgang Müller
Redaktionsassitenz: Katrin Finkemeier
Umschlaggestaltung: Walter Hellmann
Vorderseite: Christoph Kolumbus.
Anonymer italienischer Künstler, 16. Jahrhundert
(Museo Civico, Como; Foto: SCALA, Antella)
Rückseite: Landung des Kolumbus in Amerika. Holzschnitt, Basel 1493
(Aus: Christoph Columbus. Bordbuch – Briefe – Berichte – Dokumente.
Hg. von Ernst Gerhard Jacob. Bremen 1956)

Veröffentlicht im Rowohlt Taschenbuch Verlag,
Reinbek bei Hamburg, Januar 1992

Satz Times (Linotronic 505)
Gesamtherstellung Clausen & Bosse, Leck
Printed in Germany
ISBN 3 499 50449 9

3. Auflage Januar 2004

Inhalt

Christoph Kolumbus. Holzschnitt von Tobias Stimmer, 1575. Von Kolumbus ist kein Bildnis überliefert, das als authentisch gelten kann. Stimmers Holzschnitt soll auf ein frühes Kolumbus-Porträt in der Sammlung des italienischen Bischofs Paolo Giovio zurückgehen

Herkunft und frühe Jahre

«Christoph Kolumbus, geboren im Jahr 1451 in Genua.» Über nichts im Leben dessen, den wir üblicherweise den «Entdecker Amerikas» nennen, ist im Laufe des letzten und unseres Jahrhunderts heftiger gestritten worden als über die Frage nach seinem Geburtsort. Obwohl auch das Jahr seiner Geburt ungewiß war, brachte doch die Frage nach dem Geburtsort des Kolumbus die Gemüter weit stärker in Wallung. Vor allem im Zeichen des erwachenden Patriotismus und Nationalismus des 19. Jahrhunderts bot der Geburtsort den Schlüssel dafür, um den lange Zeit fast vergessenen Christoph Kolumbus zum Spanier oder Italiener, sogar zum Portugiesen, Franzosen, Griechen, Norweger usw. zu erklären. Hunderte von Dokumenten, Urkunden und sonstigen Hinweisen wurden zusammengetragen, um entweder die eine oder die andere Theorie zu untermauern. So haben im Lauf der Zeit allein mehr als ein Dutzend italienische Städte und etliche spanische Provinzen die Ehre für sich in Anspruch genommen, Kolumbus als einen der Ihren feiern zu dürfen.

Heutzutage gehen die Historiker freilich allgemein davon aus, daß Kolumbus tatsächlich aus Genua stammte. Jahr und Tag seiner Geburt lassen sich auf Grund bestimmter Urkunden auf den Zeitraum zwischen dem 25. August und dem 31. Oktober 1451 eingrenzen. Kolumbus selbst hat nicht gerade dazu beigetragen, Licht in das Geheimnis seiner Herkunft zu bringen, da er seine familiären Hintergründe eher zu verschleiern als zu erhellen suchte. Dieser Cristoforo Colombo, der in Portugal seinen italienischen Namen in Cristovão Colom, in Spanien dann in Cristóbal Colón änderte, verspürte in seiner Zeit, als die europäischen Nationalstaaten sich erst zu bilden begannen, noch keinerlei nationalen Eifer. Höchstens bekannte er sich in wenigen überlieferten Aussagen stolz zu seiner Geburtsstadt Genua, *für deren Ehre, Wohl und Gedeihen*[1] sich seine Nachkommen einzusetzen hätten, wie er sich in einer – allerdings nur als spätere Abschrift überlieferten und dabei wahrscheinlich rückdatierten – Majoratsverfügung aus dem Jahr 1498 ausdrückte. Dort findet sich außerdem folgende Passage: *Geboren in Genua, bin ich nach Kastilien gekommen, um Ihren Hoheiten zu dienen … Ich befehle meinem Sohn Diego, oder jenem, der das Majorat erben wird, in der Stadt Genua stets einen*

Ansicht von Genua, 1481

Angehörigen unseres Geschlechts zu erhalten, der dort Haus und Familie hat, und ihm eine Rente zuzuweisen, von der er, als ein unserem Stamme sehr nahestehender Mann, würdig leben kann, er fasse Fuß und Wurzel in dieser Stadt, als gebürtig aus ihr; er wird von dieser Stadt in allen für ihn notwendigen Dingen Gunst und Hilfe erwarten können, denn ich komme aus ihr und bin in ihr geboren.[2] In einem 1502 datierten Brief an die Bank San Giorgio in Genua schrieb er, sicher nicht nur als wohlklingende Phrase, in Sevilla befinde sich zwar sein Leib, aber sein Herz weile beständig in seiner Heimatstadt.[3]

Die spärlichen Auskünfte, die Kolumbus selbst zu seiner Herkunft gab, lassen es als sehr plausibel erscheinen, daß der später so berühmte «Admiral des Weltmeeres» möglichst zu verschweigen suchte, daß er aus einfachem Hause stammte. Die wenigen Quellen, die etwas über seine Herkunft, über seine Kindheit und Jugend aussagen, ergeben folgendes Bild: Kolumbus' Großvater Giovanni stammte aus einem Dorf in dem von schroffen Bergen umgebenen Tal von Fontanabuona, etwa 30 Kilometer östlich Genuas. Zu Beginn des 15. Jahrhunderts hatte sich Giovanni Colombo in Quinto niedergelassen, an jenem wohlhabenden Küstenstrich, den «Genova la superba», «das stolze Genua», beherrschte. Er hatte das Handwerk des Wollwebers ergriffen und später seinem Sohn Domenico in Genua eine Lehrstelle bei einem flämischen Tuchmacher verschafft. Während über die Mutter des Christoph Kolumbus, Susanna di Fontanarossa, nahezu nichts bekannt ist, besagen die Urkunden des Staatsarchivs von Genua, daß Domenico Colombo, Kolumbus' Vater, es zum Meister der Wollweber gebracht hatte und der Zunft der Tuchmacher angehörte. Zudem ist überliefert, daß ein gewisser Domenico Colombo 1447 für ein Jahr zum Wächter eines Stadttors von Genua, der Porta dell' Olivella, bestellt wurde, was ihm als Bürger der Stadt einiges Ansehen eingebracht haben dürfte. Seine Amtszeit wurde dreimal in Folge um jeweils ein Jahr verlängert.

Cristoforo wuchs mit vier Geschwistern auf: Sein ältester Bruder Pellegrino starb relativ jung; Bartolomeo (Bartolomé in der spanischen Form), dritter in der Reihe, verknüpfte sein Leben eng mit dem seines Bruders Cristoforo, förderte ihn nach Kräften und wurde später Adelantado (Statthalter) auf Hispaniola; der mit Abstand jüngste Bruder Giacomo (Diego) blieb in der später so bekannten Familie der Colombo ziemlich unscheinbar. Die Schwester Bianchinetta wurde mit zwanzig Jahren an einen Käsehändler verheiratet; sie ist von keinem der Brüder je mit einem Wort erwähnt worden.

Eineinhalb Jahrzehnte schweigen die Urkunden über das weitere Schicksal der Familie Colombo. Als nächstes gesichertes Datum im Leben des jungen Christoph ist erst wieder der Monat März des Jahres 1470 überliefert, als der Vater Domenico mit der Familie nach Savona übersiedelte, einer Handels- und Hafenstadt westlich von Genua. In den Jahren davor hatte das Wollgeschäft des Vaters stagniert, ja, es war später so weit gekommen, daß Domenico Colombo seiner Schulden wegen einige Tage im Gefängnis sitzen mußte. Er hatte also gute Gründe dafür, in einer anderen Stadt günstigere Bedingungen für sein Gewerbe zu suchen. In einer Urkunde dieser Zeit aus Savona wird er gleichwohl als «tabernarius», als Gastwirt bezeichnet, was darauf hinweist, daß der Vater dazu gezwungen war, nebenberuflich einen Weinausschank zu betreiben. In den folgenden Jahren geriet Domenico Colombo vollends in finanzielle Bedrängnis; aus einer Urkunde des Jahres 1473 geht hervor, daß das Haus der Familie in Genua verkauft werden mußte.

«Genuensis ergo mercator», «Genuese und also auch Kaufmann», lautete ein auf die Stadt bezogener Sinnspruch. Jedoch war seit dem Ende des 14. Jahrhunderts die einst im Mittelmeerraum führende Handelsmacht Genua nach einem hundertjährigen Konflikt mit Venedig und infolge der schweren Beeinträchtigungen des Handels mit der Levante durch die osmanische Eroberung Konstantinopels (1453) allmählich in eine Krise geraten, aus der sich die Stadt politisch und vor allem wirtschaftlich nur schwer zu befreien vermochte. Zudem hatten andere italienische Städte, Florenz an erster Stelle, einen blühenden Handel mit Textilien begonnen – darunter auch mit orientalischen Seidenstoffen und Brokat –, der zwar einigen finanzkräftigen Webern zu Reichtum verhalf, die kleineren Webermeister jedoch wirtschaftlich ruinierte.

Auch mit der tatkräftigen Unterstützung seines Sohnes Cristoforo konnte der Vater seiner geschäftlichen Misere nicht mehr entrinnen. Immer größere Schulden häuften sich auf, und das Leben des Domenico Colombo wurde immer unsteter. Seine beiden Söhne Christoph und Bartolomeo gingen schließlich irgendwann ihre eigenen Wege; nach dem Tod seiner Frau Susanna und auch seines Sohnes Pellegrino ließ sich Domenico mit den beiden Kindern Bianchinetta und Giacomo wieder in Genua nieder. Seinen Beruf als Weber hatte er aufgegeben, so daß er ein recht kärgliches Leben fristete. Bald heiratete die Tochter Bianchinetta; der jüngste Sohn Giacomo verließ Genua und folgte seinen beiden Brüdern, die der Vater zuerst im fernen Portugal und am Ende seines Lebens in Spanien wußte. Vielleicht wurde er hin und wieder von Cristoforo und Bartolomeo unterstützt; daß die Familienbande jedoch zerrissen waren, läßt sich aus der Tatsache schließen, daß auch mit dem später so berühmten Christoph Kolumbus kein Briefwechsel überliefert ist. Zum letztenmal wird Domenico Colombo in einer Urkunde aus dem Jahr 1494 erwähnt, und irgendwann vor dem Jahr 1498 muß der Vater des Kolumbus gestorben sein.

Der junge Christoph hatte keine Lehre im Handwerk seines Vaters absolviert; es erscheint sogar fraglich, ob er überhaupt den zu seiner Zeit in einer Stadt wie Genua üblichen Bildungsweg beschritten und sich von Mönchen im Lesen, Schreiben und Rechnen hatte unterrichten lassen. Er wird auf jeden Fall nur ein sehr lückenhaftes Wissen erworben haben; seine späteren Kenntnisse der Kartographie, der Astronomie oder der lateinischen Sprache, der er sich recht gewandt bediente, brachte er sich selbst bei. Sein Sohn Fernando setzte jedoch die Legende in Umlauf, Kolumbus habe in Pavia die Universität besucht. In einem Brief schrieb Kolumbus später: *Seit ich Seemann wurde, habe ich mit Fleiß in allen Schriften, Erdbeschreibungen, Geschichtsbüchern, Chroniken, Philosophiewerken und anderen Büchern gelesen.*[4] Die bedrängte finanzielle Lage der Familie zwang ihn vermutlich dazu, in seiner Jugend wohl vor allem als Wollkrempler zu arbeiten: Zur Aufbesserung des Familieneinkommens rauhte und kämmte (kardierte) er dazu mit seinem Bruder Bartolomeo die von der Mutter gesponnene Wolle, die der Vater dann verwebte. Kolumbus selbst erwähnte später einmal, nachdem er den Zenit seines Lebens längst überschritten hatte, daß er aus dem *Nichts* emporgehoben worden sei[5] – eine Äußerung, die sich auch als Stoßseufzer über die Dürftigkeit seiner Jugend verstehen läßt.

Das Aussehen und Erscheinungsbild des zum Mann gewordenen Kolumbus hat sein Sohn Fernando, der eine umfangreiche, vielfach mystifi-

Vier Kolumbus-Bildnisse aus dem 16. Jahrhundert. Die Maler sind anonym, mit Ausnahme des Gemäldes auf dieser Seite unten, das von

Ghirlandaio Ridolfi stammt. Das Porträt auf dieser Seite oben wird Sebastiano del Piombo zugeschrieben

Das angebliche Haus des Kolumbus in Genua

zierende und idealisierende Biographie seines Vaters verfaßte, folgendermaßen beschrieben: «Der Admiral war ein wohlgebauter Mann, über mittelgroß, von länglichem Gesicht mit etwas hochliegenden Wangen, die weder dick noch dünn waren. Er besaß eine Adlernase, und seine Augen waren von heller Farbe, seine Gesichtsfarbe war gleichfalls hell, doch leicht in ein lebhaftes Rot übergehend. In der Jugend war sein Haar blond, mit dreißig jedoch wurde es ganz weiß. Im Essen und Trinken sowie in seiner Kleidung war er mäßig und bescheiden. Mit Fremden unterhielt er sich freundlich, und mit den Leuten seines Haushalts war er sehr leutselig, doch beachtete er eine bescheidene und angenehme Würde. In religiösen Dingen war er so streng, daß er beim Fasten und dem Hersagen der Gebete und Litaneien eher einem Ordensbruder glich. Auch war er ein großer Feind des Fluchens.»[6] Dieses Bild des Kolumbus wird bestätigt durch eine Beschreibung des spanischen Missionars und «Indianerapostels» Bartolomé de Las Casas, der ein grundlegendes Werk über die «Geschichte der Indischen Lande» («Historia general de las Indias») verfaßte und als wichtigster Biograph des Genuesen gilt. Zum Er-

Bartolomé de Las Casas. Stahlstich von 1790 nach einem zeitgenössischen Bildnis

scheinungsbild des Kolumbus führt Las Casas außerdem an, daß er blaue Augen gehabt habe und daß Bart und Haar in der Jugend rot, im Alter grau gewesen seien; er bemerkt unter anderem, daß der Admiral in höchstem Maße imponierend in seinem Auftreten und seiner Haltung gewesen sei, ein Herr von großer Geisteskraft und hohem Gedankenflug. Er habe großmütig denen verziehen, die ihm Unrecht taten, und er sei beständig und äußerst standhaft im Ertragen von Ungemach und Widrigkeiten gewesen.[7]

Kolumbus mußte recht früh eigenverantwortlich ins Leben eintreten; zu Beginn verwandte er seine Energie darauf, dem maroden Geschäft seines Vaters auf die Beine zu helfen, wobei er immer wieder Bürgschaften für den verschuldeten Domenico Colombo leisten mußte. Die Urkunden geben darüber Auskunft, daß Kolumbus im Oktober 1470 eine Schuld über eine Weinlieferung anerkannte, daß er im August 1472 zusammen mit seinem Vater eine große Menge Wolle einhandelte und daß er im August 1473 den Verkaufsvertrag für das elterliche Haus in Genua mitunterzeichnete. Vom Jahr 1473 an muß sich Kolumbus dann resignierend vom Geschäft seines Vaters abgewandt (an dem er wohl auch zuvor nur noch halbherzig beteiligt war) und seine Zukunft ganz auf die Seefahrt gesetzt haben. Zwischen den Jahren 1473 und 1476 läßt sich allerdings kein Dokument nachweisen, in dem sein Name auftaucht, so daß über diese entscheidenden Jahre seines Lebens fast nichts bekannt ist. Vor allem läßt sich keine eindeutige Antwort auf die Frage geben, wann der junge Cristoforo zur See zu fahren begann.

Die Handelsstadt Genua war ganz und gar auf die Seefahrt ausgerichtet; jeder Heranwachsende, den die Atmosphäre des Hafens, die ein- und auslaufenden Schiffe lockten, fand die Möglichkeit, sich schon in früher Jugend als Schiffsjunge zu verdingen und zur See zu fahren. Und so wird auch Kolumbus seine ersten seemännischen Erfahrungen auf kleineren Handelsschiffen gemacht haben, die Routen an der ligurischen Küste befuhren. Um dem unerquicklichen väterlichen Wollgeschäft zu entfliehen, das er wohl noch recht lange zu stützen suchte, ließ er sich schließlich mit Anfang Zwanzig in den Dienst genuesischer Handelshäuser nehmen, um in deren Namen Seereisen zu unternehmen und Geschäfte abzuschließen. (Aus dem Jahr 1492 liegt von dem späteren «Admiral des Weltmeeres» die recht präzise Angabe vor, daß er ohne nennenswerte Unterbrechung seit 23 Jahren zur See fahre.[8]) Nach seiner eigenen Schilderung gelangte er dabei unter anderem zu der griechischen Ägäis-Insel Chios, die bis zur Eroberung durch die Türken im Jahr 1566 von Genua beherrscht wurde. Chios war zu jener Zeit vor allem durch das Mastix bekannt, einem aus dem Mastixstrauch gewonnenen Harz, das in der Medizin und als Grundstoff für Lacke sehr begehrt war. Der Handel damit brachte großen Profit ein. Da Kolumbus in jenen Jahren wiederholt als Bürge für seinen Vater auftrat, muß er also durchaus ein sicheres Auskommen gefunden haben.

Vieles im Leben des Kolumbus bis zu seiner Ankunft in Portugal liegt im dunkeln; Spekulationen drängen sich also geradezu auf. So sahen sich die das Mittelmeer befahrenden Handelsschiffe stets der Gefahr ausgesetzt, von Piraten angegriffen zu werden, die oft im Dienst einander verfeindeter Herrscherhäuser oder Stadtrepubliken standen. In diesem Zusammenhang sind immer wieder Mutmaßungen darüber angestellt worden, ob sich nicht auch jener Sohn eines verarmenden Wollwebers zeitweise als Korsar verdingt habe. Insbesondere trägt dazu auch ein Vorfall bei, über den Kolumbus in einem (verlorengegangenen) Brief aus dem Jahr 1495 berichtete, der eigentlich dazu dienen sollte, dem spanischen Herrscherpaar zu verdeutlichen, wie leicht man selbst auf offenem Meer einer Täuschung über den eingeschlagenen Kurs erliegen und an-

Titelblatt der ersten Biographie des Christoph Kolumbus von seinem Sohn Fernando, zuerst 1571 in italienischer Übersetzung erschienen

HISTORIE
Del S. D. Fernando Colombo;

Nelle quali s'ha particolare, & vera relatione della vita, & de' fatti dell'Ammiraglio

D. CHRISTOFORO COLOMBO,

ſuo padre:

Et dello ſcoprimento, ch'egli fece dell'INDIE Occidentali, dette MONDO NVOVO, hora poſſedute dal Sereniſs. Re Catolico:

Nuouamente di lingua Spagnuola tradotte nell'Italiana. dal S. Alfonſo Vlloa.

CON PRIVILEGIO.

IN VENETIA, M D LXXI.

Appreſſo Franceſco de' Franceſchi Saneſe.

dere darüber täuschen konnte. In diesem Brief, den sein Sohn Fernando in seiner nur in der italienischen Übersetzung erhaltenen Biographie, den «Historie della vita e dei fatti di Cristoforo Colombo», wiedergibt und den auch Las Casas nach eigener Aussage gesehen und kopiert hat, beschrieb Kolumbus, wie er die gesamte Mannschaft seines Schiffs über den Kurs in die Irre geführt hätte, indem er einfach den Ausschlag der Kompaßnadel änderte. Bei der Rekonstruktion dieses Vorfalls treten jedoch so viele Ungereimtheiten auf, daß man diese Episode mit großer Skepsis betrachten muß: So wäre etwa Kolumbus bereits mit wenig mehr als zwanzig Jahren Kapitän eines Schiffs gewesen, das sich einer aragonesischen Galeasse bemächtigen sollte. Von der Jugend des Kapitäns abgesehen, erscheint dies angesichts seiner Herkunft aus der Wollweberei und seiner geringen seemännischen Erfahrung nahezu ausgeschlossen. Nichtsdestoweniger liefert diese Geschichte aber einen Hinweis darauf, daß Kolumbus (oder sein Sohn) es nicht als ehrenrührig betrachteten, Piraterie begangen zu haben.

Aus den nächsten Jahren ist wiederum eine höchst ominöse Begebenheit überliefert, die sich im Jahr 1476 zugetragen haben soll und über die ebenfalls sowohl Las Casas als auch Fernando berichten. Danach soll sich Kolumbus im Dienste seiner genuesischen Auftraggeber an Bord eines Schiffs befunden haben, das in einem Konvoi von fünf Schiffen Mastix von Chios nach Lissabon und weiter nach England und Flandern bringen sollte. Vor dem Kap São Vicente, das als Landzunge im Süden Portugals in den Atlantik hineinragt, seien die Schiffe von einer überlegenen französischen Piratenflotte angegriffen worden. Als das Schiff des Christoph Kolumbus in Brand geraten sei, habe dieser sich schwimmend an die sechs Meilen entfernte Küste retten können. Zu Fuß sei er nach Lissabon gegangen, wo ihn die Kolonie der dort ansässigen Genuesen freundlich aufgenommen habe. Auch dieser Vorfall hat zu vielen Spekulationen geführt, wobei immer wieder die Behauptung vorgebracht wurde, Kolumbus habe sich eigentlich auf der Seite der Piraten befunden und somit gegen die Schiffe seiner Vaterstadt Genua gekämpft. Er selbst erwähnte später jedenfalls, daß er *auf wunderbare Weise* nach Portugal gelangt sei.

Die portugiesische Hauptstadt am Rio Tejo hatte sich damals einen führenden Platz unter den Handelsstädten Europas erobert. Schon frühzeitig hatten sich etliche genuesische Kaufleute in der Stadt niedergelassen und eine regelrechte Kolonie um ein Kaufhaus in der Nähe des Hafens gebildet. Sie werden den jungen Kaufmann sicherlich unterstützt haben. In den folgenden Monaten muß sich Kolumbus dann entschieden haben, Genua den Rücken zu kehren. Zwar fuhr er auch noch weiterhin im Dienst genuesischer Handelshäuser, jedoch sah er seine Zukunft ab dem Jahr 1477 nicht mehr in seiner Heimatstadt, sondern in Lissabon. Sein letzter Aufenthalt in Genua, wo er als Zeuge vor Gericht geladen war, ist urkundlich für den 25. August 1479 bezeugt; in jenem Jahr war

Heinrich der Seefahrer. Ausschnitt aus der linken Mitteltafel des Vinzenz-Altars von Nuño Gonçalves

Lissabon längst zu seiner neuen Heimat geworden. Kolumbus hatte im Juli 1478 für seinen Auftraggeber, das Handelshaus Centurione, in dessen Diensten er auch in den Jahren zuvor gestanden hatte, vergeblich versucht, auf der Insel Madeira auf Vorschußbasis Zucker einzukaufen. Da das Geschäft fehlschlug, wurde die Sache zwischen den beteiligten Firmen vor Gericht verhandelt. Und aus den darüber vorliegenden, höchst aufschlußreichen Protokollen geht hervor, daß der als Bürger der Stadt Genua bezeichnete Kolumbus 27 Jahre alt war, daß er über 100 Gulden verfügte und daß er anderntags zurück nach Lissabon reisen wollte.[9]

Der Sohn eines Wollwebers muß in der geschäftigen Metropole Lissabon die einzigartige Möglichkeit gesehen haben, einen Neuanfang zu wagen. In dieser Stadt am Atlantik, im äußersten Westen Europas, geschahen ungewöhnliche Dinge, seitdem sich der portugiesische König Johann I. zu Beginn des 15. Jahrhunderts darauf eingelassen hatte, die afrikanische Küste für den europäischen Handel zu erschließen. Als dann sein Sohn Heinrich der Seefahrer systematisch den Seeweg nach Indien entlang den Küsten Afrikas zu erkunden begann, herrschte in Lissabon eine Stimmung, die Neues und Außerordentliches erahnen ließ.

Zu neuen Ufern

Im Lauf des 15. Jahrhunderts zeichnete sich in Europa immer deutlicher die Auflösung der Gesellschaftsform des Feudalismus ab: Die Dynamik der Ware-Geld-Beziehung bildete sich heraus; der rasch zunehmende und immer größere Entfernungen überbrückende Handel, mit dem die Trennung von landwirtschaftlicher und gewerblicher Produktion einherging, brachte eine neue Qualität in die wirtschaftliche Entwicklung. In diesem Prozeß benötigte insbesondere das in den Städten entstandene Handelskapital Geld zur Stabilisierung und Ausweitung seiner Macht. Da zugleich auch der Wunsch des herrschenden Adels nach prunkvollerer Repräsentation wuchs, begann die Suche nach Edelmetallen, seltenen Gewürzen, kostbaren Textilien usw. alles zu dominieren; in der Hauptsache aber ging es um Gold, das am eindeutigsten seinen Wert erkennen ließ und am leichtesten zu handeln war.

Tatsächlich kamen viele der begehrten Kostbarkeiten wie Gewürze, Duftstoffe und Textilien aus «Indien», worunter man zu jener Zeit eigentlich ganz Asien verstand, und die Gier der europäischen Herrscherhäuser und des hohen Adels nach Reichtümern richtete sich ganz allgemein auf jene ferne Welt, in der sich scheinbar alle Wünsche erfüllen ließen. Besonders der 1298/99 verfaßte Reisebericht des Marco Polo hatte das von ihm besuchte «Catai» (China) zu einem übermächtigen Wunschbild für Reichtum werden lassen. Sein «Il Milione» mit dem Untertitel «Mirabilia Mundi» («Wunder der Welt») hatte in Europa so stark die Phantasien beflügelt, daß man es zu einem der entscheidenden Antriebe für die dann später unternommenen «Entdeckungsfahrten» rechnen kann, als zur Zeit des Kolumbus der Drang nach Gold manische Züge anzunehmen begann. Ab der Mitte des 15. Jahrhunderts war zudem der traditionelle Handel zwischen China und Europa, wie er etwa über die Jahrhunderte lang benutzte Seidenstraße abgewickelt wurde, stark beeinträchtigt, denn schon seit geraumer Zeit hatte sich der Islam als profitinteressiertes Zwischenglied in den Handel eingeschaltet. Als schließlich auch Konstantinopel von den Türken erobert wurde, verteuerten sich die kostbaren Waren wiederum erheblich. Venedig etwa führte deswegen etliche Kriege gegen die Türken, um den Handel mit dem Orient in ge-

Marco Polo. Titelblatt der ersten deutschen Marco Polo-Ausgabe, Nürnberg 1477

wohnter Form weiterführen zu können. Für Genua allerdings, das in Konstantinopel ein selbstverwaltetes Stadtviertel (Pera) besessen hatte, war das gesamte Schwarze Meer als Handelsgebiet auf einen Schlag verloren.

Der ohnehin immer schon gefährdete Landweg war also noch unsicherer geworden, so daß der Wunsch der Handelshäuser aufkam, einen Weg in den Fernen Osten zu finden, der einen möglichst direkten Warenaustausch ermöglichte. Das Interesse richtete sich dabei verstärkt auf die Iberische Halbinsel, wo besonders das Königreich Portugal begonnen hatte, einen Seeweg um Afrika herum zu dem sagenhaft reichen «Indien» zu erkunden. Für die portugiesischen Kaufleute wurden immer größere Gebiete Afrikas erschlossen. Sie erhielten damit direkten Zugang zu den so begehrten Schätzen wie Gold und Gewürzen; auch den Sklavenhandel ließen sie sich von Beginn an nicht entgehen. Dies bezeugen die heute noch geläufigen Namen «Goldküste», «Elfenbeinküste» oder «Sklavenküste». Bald war der Äquator überschritten, und im Jahr 1488 konnte Bartolomeu Diaz in Lissabon verkünden, die Südspitze Afrikas umschifft zu haben, womit der direkte Seeweg nach Indien praktisch eröffnet war.

Kolumbus suchte also mit gutem Grund seine Chancen im prosperierenden Portugal, wo das Handelsgeschäft schon frühzeitig dem Bürgertum als Mittel diente, sich gesellschaftliche Anerkennung zu verschaffen. Der ehrgeizige Cristovão Colom hatte wohl recht schnell erkannt, daß ihm die Stadt am Tejo günstige Möglichkeiten bot, beruflich und gesellschaftlich aufzusteigen. Zunächst ging er weiterhin seinen gewohnten Geschäften nach und fuhr als Handelsagent zur See. Noch vor der bereits erwähnten Fahrt nach Madeira ging er zu Beginn des Jahres 1477, also wenige Monate nach seiner Ankunft in Lissabon, auf eine Schiffsreise, die ihn nach England und nach Irland führte. Aus der Feder des Genuesen stammt dabei eine höchst interessante Notiz, die in den Zusammenhang dieser Fahrt gestellt werden muß, denn als Randbemerkung schrieb er in eines der von ihm gelesenen Bücher: *Leute aus Catai, das dem Orient zu gelegen ist, sind bis hierher gekommen. Wir haben viele außerordentliche Dinge gesehen, besonders in Galway auf Irland, so einen Mann und eine Frau von ungewöhnlicher Erscheinung, in zwei Booten treibend.*[10] Auch wenn die Annahme im Grunde unrealistisch ist, daß Indianer von Amerika aus über den Atlantik gekommen sein könnten, so macht doch diese Notiz deutlich, daß in Kolumbus wohl spätestens während dieser Fahrt die Idee gekeimt sein wird, *den Osten vom Westen her zu suchen*, wie er es selbst ausdrückte. Da im übrigen Las Casas die (äußerst unglaubwürdige) Aussage des Kolumbus überlieferte, *zu Schiff bis 100 Stunden jenseits von Thule* gefahren zu sein[11], wobei mit dem mythischen «Thule» meist die Insel Island gemeint wurde, haben einige Forscher sogar vermutet, Kolumbus habe auf Island von den Fahrten der Wikinger nach dem legendären «Vinland» erfahren.

In Lissabon hatte sich in jenen Jahren auch Bartolomeo Colombo niedergelassen und ein Geschäft eröffnet, in dem er die begehrten Portolane feilbot, äußerst nützliche Seekarten, die sich insbesondere in Portugal gut verkaufen ließen und die er zum Teil selbst zeichnete. Oft wurde er dabei von seinem Bruder Christoph unterstützt, den er nach Auskunft von Las Casas in der Kunst des Kartenzeichnens allerdings übertraf. Zwar wird meistens davon ausgegangen, daß Kolumbus seinen jüngeren Bruder im Jahr 1480 nach Lissabon nachholte, aber es ist auch die Darstellung überliefert, daß sich Bartolomeo schon in jungen Jahren nach Lissabon aufmachte, dort nach einiger Zeit ein Kartengeschäft eröffnete und daß sein Bruder erst später als Teilhaber zu ihm stieß.

Jeder Kartenzeichner der damaligen Zeit sah sich bei seiner Arbeit irgendwann mit dem Problem konfrontiert, wie jene Gegenden der Welt darzustellen seien, die noch kein Europäer erkundet hatte. Als wichtigste Quellen dienten die Schilderungen von Kaufleuten, Missionaren und Seefahrern, deren Angaben meist willkürlich auf Karten übertragen wurden. Der Phantasie waren dabei keine Grenzen gesetzt, nur daß zum Ende des 15. Jahrhunderts neben den schon immer kursierenden Mythen und Legenden über ferne und märchenhafte Weltgegenden noch weit

Der «Priesterkönig Johannes». Titelholzschnitt im Bericht des Paters Francisco Alvares über Äthiopien, 1540

mehr Fabelerzählungen umliefen. So machte etwa die Legende vom christlichen Priesterkönig Johannes die Runde, der «im Süden oder Osten» über ein mächtiges Reich herrschen solle. Man gefiel sich in dem Gedanken, zu diesem christlichen Königreich Verbindungen zu knüpfen, um auf diese Weise die dazwischenliegenden islamischen Gebiete in die Zange nehmen zu können. Als gegen Ausgang des 15. Jahrhunderts mit den Kanarischen und Kapverdischen Inseln, mit Madeira und den Azoren eigentlich alle Afrika und Europa vorgelagerten Inseln im Atlantik entdeckt waren, übte zudem der riesige Ozean im Westen einen großen Reiz aus, ihn mit weiteren Inseln zu füllen. Die tradierten Legenden boten dafür reichlich Material. Unter anderem war seit vielen Generationen jener unvergängliche Mythos von der Insel Antilia überliefert, wonach bei der Invasion der Mauren auf der Iberischen Halbinsel im Jahr 711 sieben Bischöfe in Richtung Westen auf das offene Meer geflohen und auf eine Insel verschlagen worden seien, auf der sie sieben prachtvolle Städte gründeten; noch lange Zeit nach der Entdeckung Amerikas wurde Antilia auf Seekarten verzeichnet. Jene angeblich westlich der Azoren gelegenen Inseln waren auch immer wieder einmal gesucht worden, besonders unter dem portugiesischen König Johann II. Eine solche Reise erwähnt auch Kolumbus später in seinem *Bordbuch*: *Ich entsinne mich, daß 1484, als ich mich in Portugal aufhielt, ein Mann von der Insel Madeira vor dem König erschienen war, um ihn um eine Karavelle zu bitten, auf daß er zu dem Lande reisen könne, das er im Westen gesehen habe.*[12] Es handelte sich dabei um die Fahrt eines gewissen Fernan Domingo de Arco, wie aus einer erhaltenen Urkunde von König Johann II. hervorgeht, in der dieser die Erlaubnis zu der – natürlich erfolglosen – Suche gegeben hatte.

Wohl gegen Ende des Jahres 1479 entschloß sich Kolumbus zu einem entscheidenden Schritt, der ihn in seiner neuen Heimat integrieren und in höhere Kreise der Gesellschaft aufsteigen lassen sollte. Der Sohn eines Wollwebers heiratete die schon 25 Jahre alte Adelige Dona Felipa de Perestrello e Moniz, die er in einer Klosterkirche kennengelernt hatte, wohin er regelmäßig zur Andacht ging. Der Vater der Dona Felipa, Bartolomeo de Perestrello, entstammte einer Familie, die ein Jahrhundert zuvor aus dem italienischen Piacenza nach Portugal gekommen war. Er hatte unter der Leitung von Heinrich dem Seefahrer an der Entdeckung Madeiras einigen Anteil gehabt. Als Belohnung war ihm für die kleine, unter seiner Führung besetzte Insel Porto Santo der Gouverneurstitel verliehen worden. In dritter Ehe hatte er schließlich mit der späteren Schwiegermutter des Kolumbus, Dona Isabel Moniz, in adelige Kreise eingeheiratet, ehe er 1457 auf Porto Santo starb. Über die Person der Ehefrau des Cristovão Colom, die seinen inniggeliebten Sohn Diego gebar, liegen nahezu keine Quellen vor. Selbst das Todesjahr der Dona Felipa kann nur erschlossen werden. Sie starb (wahrscheinlich) vor der Flucht ihres Man-

Die um 1500 in Europa bekannten Teile der Erde

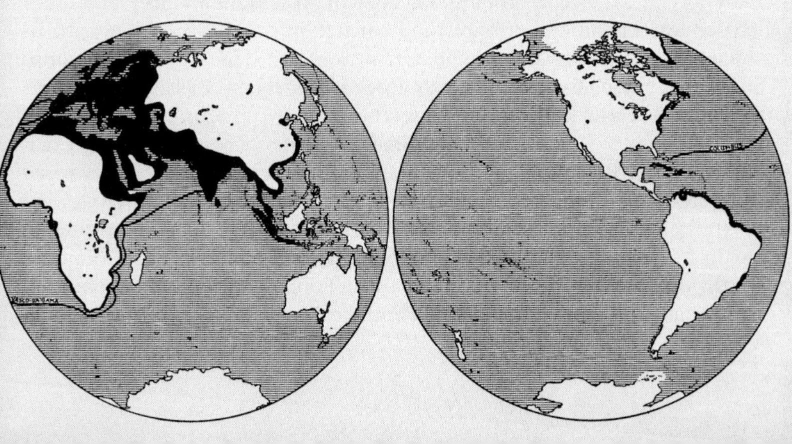

nes nach Spanien im Jahr 1485. Kolumbus nahm ihren Tod ohne große Trauer hin; jedenfalls fand sie in keiner seiner Schriften je Erwähnung.

Dona Felipas Familie eröffnete dem Genuesen nicht nur die Verbindung zu Hofkreisen, sondern gewährte ihm auch die nötige Muße, sich intensiver mit der in ihm aufkeimenden Idee auseinanderzusetzen, über den Atlantik nach Indien zu gelangen. Gleich nach der Hochzeit übersiedelten die Frischvermählten auf die Insel Porto Santo, wo ein Bruder der Dona Felipa als Gouverneur amtierte. Las Casas schrieb dazu: «Vielleicht ließ sich Cristóbal Colón auf Porto Santo überhaupt nur aus dem Grund nieder, weil er weiterhin zur See fahren wollte und er seine Frau dann dort zurücklassen konnte. Diese Insel liegt nahe bei Madeira, das auch um die gleiche Zeit entdeckt worden war; gerade damals erhielt das Hafenstädtchen viel Besuch von einlaufenden Schiffen. Täglich konnte man Nachrichten von neuen Entdeckungen hören.» [13] Die Erschließung und kolonisatorische Ausbeutung der afrikanischen Westküste wurde unter dem Infanten und späteren König Johann II. in großem Umfang aufgenommen, nachdem der Handel mit den entdeckten und noch zu entdeckenden Gebieten der Krone und damit einer zentralen Führung unterstellt worden war. Planvoll drangen die portugiesischen Schiffe weiter nach Süden vor und brachten immer neue Berichte von bis dahin noch unbekannten und fremdartigen Ländern mit nach Hause. Die Umschiffung Afrikas stand bevor und damit der direkte Zugang zu den ersehnten Reichtümern Indiens.

Auf Porto Santo und Madeira erfuhr Kolumbus auch von Erzählungen der Inselbewohner, wonach Stämme einer unbekannten Baumart oder auch seltsam geschnitzte Hölzer angeschwemmt worden waren; ja, von der Insel Flores lagen sogar Berichte vor, daß einmal auch die Leichen zweier Personen, die mit ihren breiten Gesichtern den Christen völlig unähnlich gewesen seien, an Land getrieben worden waren; selbst von Begegnungen mit Booten voller fremdartig aussehender Menschen auf dem offenen Meer wurde erzählt. Ähnliches hatte Kolumbus bereits 1477 in Galway gehört.

Sicherlich hatte Kolumbus auch versucht, von Madeira aus Handelsgeschäfte aufzunehmen, offenbar jedoch nur mit mäßigem Erfolg. Nach einiger Zeit, wohl zwei Jahre später, verlegte er seinen Wohnsitz jedenfalls wieder nach Lissabon, nachdem, einer Angabe des Las Casas zufolge, seine Frau Dona Felipa auf Porto Santo im Kindbett gestorben war: Bei seinem Fortgang aus Portugal 1485 war er nämlich «befreit von der Sorge und Verpflichtung gegen seine Frau, mit der ihn Gott für sein ganzes Leben betraut hatte, da es ihm gefallen hatte, sie unter Hinterlassung eines kleinen Söhnchens hinwegzunehmen, das den Namen Diego Colón hatte und als Erstgeborener später dem Vater in der Admiralswürde folgte» [14]. Da die Familie der Dona Felipa über keinen besonderen Reichtum verfügte, spricht alle Wahrscheinlichkeit dafür, daß Kolumbus auch weiterhin immer wieder darauf angewiesen war, sich bei seinem Bruder Bartolomé als Kartenzeichner zu verdingen und gelegentlich auf Handelsreisen zu gehen. So nahm er 1482 oder 1483 an einer langen Afrika-Reise teil. Er gelangte bis in die Äquatorzone, die nach der noch weitverbreiteten Lehre des Ptolemäus als unerträglich heiß und unbewohnbar galt. In einer Randbemerkung notierte er jedoch in einem der von ihm gelesenen Werke, *daß sie nicht unbewohnbar ist, denn sie wird heute von den Portugiesen durchschifft und ist sogar sehr bevölkert; auch liegt unter dem Äquator das Kastell Mina unseres erhabensten Königs von Portugal, welches wir gesehen haben*[15]. Besonders die Fahrt in die damals allgemein «Guinea» genannte Region Westafrikas hatte sich tief in sein Gedächtnis eingegraben, da er auf seinen späteren Amerika-Fahrten immer wieder Vergleiche zu seinen dort gewonnenen Erfahrungen zog.

Auf Porto Santo stellte die Mutter der Dona Felipa ihrem Schwiegersohn auch einige Dokumente ihres verstorbenen Mannes zur Verfügung, die dieser auf der kleinen Atlantikinsel zurückgelassen hatte. Nach dem Bericht des Fernando «gab sie ihm die Schriftstücke und Seekarten, die ihr von ihrem Gemahl überlassen worden waren: Dafür ereiferte sich der Admiral sehr, und er erkundigte sich nach den anderen Reisen und Seefahrten, die von den Portugiesen bereits nach La Mina und der Küste Guineas unternommen worden waren.»[16] Auch wenn der Inhalt dieser Dokumente oft überbewertet worden ist (Perestrello war ein eher unbedeutender Seefahrer), so fügt sich doch auch dieser Bericht in das Bild des späteren Admirals, der alle ihm erreichbaren Kenntnisse über Schiffahrt, Kartographie und Astronomie zusammentrug und sich das Wissen der Antike anzueignen versuchte. Seine Bibliothek hat sich nur zu einem kleinen Teil erhalten, doch die Vielzahl der Bücher gibt Aufschluß darüber, wie lern- und wißbegierig er sich durch die ihm zugängliche Literatur arbeitete. Für den mit einer regen Phantasie ausgestatteten Wollwebersohn mußten sich durch das Studium der Bücher ganz neue Welten eröffnen, wobei er sich in oft naiver Weise die «Wahrheiten» berühmter Autoren aneignete. Als Autodidakt erwarb er ein Wissen, das in keiner Weise durch gelehrte Auseinandersetzungen überprüft worden war und das in der Konsequenz immer wieder auf die Stützung einer bestimmten Theorie hinauslief, nämlich auf westlichem Weg nach Indien gelangen zu können.

In diesem Zusammenhang sei auch das Problem der Sprache des Kolumbus erwähnt, das im Hinblick auf seine Herkunft die Forschung besonders interessiert hat: Es ist nämlich trotz der großen Zahl an Schriftstücken, welche die Handschrift des Kolumbus tragen, kein in italienischer Sprache verfaßter Text überliefert. Entweder gebrauchte er das Lateinische, das zu jener Zeit in Europa noch immer als allgemeine Verkehrssprache (unter Gelehrten) diente und in dem nahezu die gesamte wissenschaftliche Literatur publiziert wurde, oder er benutzte ein kastilisches Spanisch, das er wiederum nicht ohne gewisse Fehler gesprochen haben soll. Selbst im Schriftverkehr mit italienischsprachigen Persönlichkeiten wich er nicht von seinem Kastilisch ab. Zwar gab es zu jener Zeit noch keine italienische «Standardsprache», da in dem von unterschiedlichen Machtblöcken beherrschten Italien viele stark voneinander abweichende Dialekte gesprochen wurden, aber sogar den bereits erwähnten Brief an die Bank San Giorgio in Genua[17] verfaßte Kolumbus in kastilischem Spanisch. Auch in den ersten von ihm erhaltenen Schreiben aus Portugal benutzte er das Kastilische.

Sein Sprachgebrauch ist von zahlreichen Forschern immer wieder ins Feld geführt worden, um seine Herkunft aus Genua anzuzweifeln, ihm andere Geburtsorte zuzuschreiben oder über seine Herkunft zu spekulieren. Dabei ist auch immer wieder behauptet worden, Kolumbus sei ein Jude spanischer Abkunft gewesen. Aber all diese Mutmaßungen verlieren bereits viel von ihrer Glaubwürdigkeit, wenn man sich vor Augen hält, daß sich Kolumbus zum erstenmal in seinem Leben in Portugal ernsthaft mit Sprache und Literatur auseinandersetzte. Aus seiner schulischen Unterweisung in Genua wird er nur das notwendigste Wissen mitgebracht haben; erst in Lissabon begann er sich intensiv mit wissenschaftlichen Abhandlungen der unterschiedlichsten Arten zu beschäftigen. Die gebildeten Kreise in der Stadt lehnten jedoch zu jener Zeit das Portugiesische als unfein ab und sprachen vornehmlich Kastilisch.

Wie sein Sohn und Biograph Fernando schrieb, «verfiel der Admiral in Portugal, da ja die Portugiesen weit gen Süden fuhren, nach und nach der Vermutung, daß er einmal selbst nach Westen fahren und daß er auf dieser Fahrt mit gutem Grund Land finden könnte»[18]. Anfang der achtziger Jahre muß den späteren «Admiral des Weltmeeres» dann die Idee einer «Westfahrt» so machtvoll ergriffen haben, daß er schließlich sein Leben in ihren Dienst stellte. Las Casas meinte dazu: «Von allen Seiten und auf vielerlei Weise gab Gott dem Cristóbal Colón immer neue Gründe und Fingerzeige, damit er nicht in seinem Vorsatz, das große Unternehmen zu wagen, wankend werde.»[19] Nahezu zehn Jahre sollte Kolumbus in Portugal verbringen; bald kämpfte er nur noch für sein Projekt, auf die vermeintlich einfachste Weise nach Indien zu gelangen, nämlich über das offene Meer in Richtung Westen zu segeln. Und doch konnte sich Kolumbus in dem für seinen Plan aussichtsreichsten Land Europas letztlich nicht durchsetzen. Denn auf Grund des Urteils einer aus Fachleuten bestehenden Kommission wurde 1484 sein Vorschlag durch den portugiesischen König Johann II. verworfen. Obwohl nicht nur die portugiesischen Kaufleute im Grunde genommen kein Risiko mehr scheuten, Schiffe an fremde Küsten zu entsenden, da die zu erwartenden Gewinne einen überstarken Anreiz für gewagte Unternehmen darstellten, wogen die Einwände gegen die praktische Durchführung des geplanten Unternehmens zu schwer.

Das große Projekt

Der Plan, nach Westen zu segeln, um das im Osten gelegene, sagenhafte Catai zu erreichen, setzt die Überzeugung voraus, daß die Erde nicht, wie damals weithin angenommen, die Form einer Scheibe habe, vielmehr Kugelgestalt besitzt. Dieses Wissen war bereits im Altertum verbreitet gewesen und Gelehrte wie Pythagoras und Eratosthenes hatten die Beweise dafür geliefert; später jedoch geriet es wieder «in Vergessenheit». Im Mittelalter unterdrückte die Kirche gewaltsam jeden Gedanken, der sich nicht dem Dogma von der Scheibenform der Erde unterordnen wollte, da sich nur eine solch zentristische Anschauung (Jerusalem als Mittelpunkt der Welt) mit den biblischen Überlieferungen in Einklang bringen ließ. Als sich am Ausgang des Mittelalters die ökonomischen Gegebenheiten wandelten und damit auch die theologischen Weltbilder ins Wanken gerieten, bestand in den Gelehrtenkreisen eigentlich kein Zweifel mehr an der Kugelgestalt der Erde. Bereits in der «Ymago Mundi» (1410) des französischen Bischofs Pierre d'Ailly, einem von Kolumbus äußerst geschätzten Werk, findet sich der Satz: «Man muß annehmen, daß die Erde kugelförmig ist.» In der Konsequenz mußte dieser Gedanke bedeuten, daß den Ozean, den wir «Atlantik» nennen, auch ein Ufer im Westen einfassen müsse.

Im Grunde waren sich zu jener Zeit die Gelehrten allgemein darin einig, daß in der Theorie eine Fahrt über den Atlantik in Richtung Westen möglich sei. Ziel einer solchen Überfahrt wäre das von Marco Polo beschriebene Catai, also China, das Reich des Großen Khans, und das diesem Land vorgelagerte, «Cipangu» genannte Japan. Nachdem in Kolumbus die Vorstellung aufgekeimt war, daß man nach Westen segelnd direkt in jene wunderbaren Reiche im Osten gelangen könne, suchte er seine Ansicht zu untermauern.

In der Biblioteca Colombiana in Sevilla stehen mehr als 2000 Bücher, mit denen sich Kolumbus beschäftigt hat. Die Randbemerkungen, mit denen er viele davon versah, lassen erkennen, welche Werke ihm besonders am Herzen lagen. Da er Autodidakt und ein typisches Kind des ausgehenden Mittelalters war, griff er wahllos auf die ihm jeweils zupaß kommenden Ansichten antiker, christlicher und mohammedanischer Ge-

Eigenhändige Notizen des Kolumbus in seiner Ausgabe von Pierre d'Aillys «Ymago mundi»

lehrter und Schriftsteller zurück, wobei er mit großem Eifer aus der als unbedingt wahr geltenden Bibel schöpfte. Wieder und wieder bezog er sich auf Jesaja, und als tief religiöser Mensch begriff er etwa den folgenden Vers (Jes. 60,9) als wohlbegründete Prophezeiung: «Die Inseln harren auf mich, und die Schiffe im Meer von längst her, daß sie deine Kinder von ferne herzu bringen, samt ihrem Silber und Gold, dem Namen des Herrn, deines Gottes [...].» Auch führte er voller Verehrung stets den Propheten Esra ins Feld, bei dem er unter anderem die Stelle fand: «Am fünften Tage aber hast du dem Siebentel, wo das Wasser war, gesagt, daß Tiere und Vögel und Fische hervorgehen sollten.» Dieser Vers aus dem 4. Buch Esra, der sog. Apokalypse, bedeutete nach seiner Ansicht, daß sechs Teile der Erde aus Land bestehen mußten und nur ein Teil von Wasser bedeckt sei. Demnach ließe sich das Meer zwischen «Indien» und Europa «mit günstigem Wind in wenigen Tagen durchqueren», wie es wiederum in der «Ymago Mundi» hieß. Er griff zudem auf Aussagen des Plinius und namentlich des Seneca zurück, auf den er sich mit folgendem Zitat berufen konnte: «Wie weit ist es von den äußersten Küsten Spaniens zu denen von Indien? Bei gutem Segelwind nur wenige Tage Seefahrt!» Kolumbus trug eklektisch und in noch mittelalterlicher Schwärmerei Beweise für eine Theorie zusammen, die allein auf der Annahme beruhte, daß «Indien» durch eine Fahrt nach Westen erreicht werden könne. Einzig diese Hypothese verlieh allen von ihm gesammelten Belegen ihre Gültigkeit, auch wenn es sich um Textstellen handelte, deren Aussage gänzlich beliebig ist; der Vers Jes. 65,17 – «Denn siehe, ich will einen neuen Himmel und eine neue Erde schaffen» – nahm so für ihn den Charakter einer Vorankündigung der Entdeckung Indiens an.

Bei der Aufzählung der von ihm als Autoritäten erachteten Autoren, unter denen Plinius und seine «Naturgeschichte» und natürlich Marco Polo und seine «Mirabilia Mundi» eine überragende Stellung einnehmen, kommt eine besondere Bedeutung dem Florentiner Paolo Toscanelli zu. Dieser Arzt und Humanist trug bereits im Jahr 1474 dem portugiesischen König Alfonso V. auf dessen Frage, was seiner Meinung nach der kürzeste Weg nach dem Fernen Osten sei, in einem Brief die Idee vor, in Richtung Westen zu segeln, um auf diese Weise nach «Indien» zu gelangen, «wo man nicht nur sehr großen Gewinn machen und viele Dinge bekommen kann, sondern wo es auch Gold, Silber, Edelsteine und alle nur denkbaren Gewürze in reicher Menge gibt»[20]. Jedoch weder Alfonso V. noch sein Sohn Johann II. gingen auf den Vorschlag Toscanellis ein, der detailliert eine mögliche Reiseroute in Richtung Westen ausgearbeitet und eine Karte zur Erläuterung gezeichnet hatte.

Irgendwann um das Jahr 1481 hörte auch Kolumbus, der durch seine Heirat Zugang zu höfischen Kreisen gefunden hatte, vom Schreiben des Toscanelli, welches im königlichen Archiv ad acta gelegt und unter Verschluß genommen worden war. Er wandte sich nun seinerseits an den

Florentiner, der ihm die Abschrift jenes Schreibens (zusammen mit seiner Karte) zukommen ließ, das er an den portugiesischen Königshof gerichtet hatte. Der Brief des Toscanelli muß auf Kolumbus vor allen anderen ihm vorliegenden «Quellen» den größten Eindruck gemacht haben, so daß Las Casas dieses Schreiben nicht umsonst für den größten Antrieb zu seiner «Amerika-Fahrt» hielt. Es sei seiner Bedeutung wegen auszugsweise wiedergegeben: «Wenngleich ich überzeugt bin, daß man dies [den kürzesten Weg nach Indien] auf einem Globus zeigen sollte, so will ich dennoch der geringeren Mühe und des besseren Verständnisses wegen den Weg auf einer Karte erläutern, die den Seekarten ähnelt. Ich sende deshalb Seiner Majestät eine eigenhändig gezeichnete Karte. Auf ihr ist der ganze Westen der bewohnten Welt von Irland bis nach Guinea eingetragen, nebst allen Inseln, auf die man unterwegs trifft. Ihnen gegenüber im Westen ist der Anfang von Indien mit den Inseln und Orten gezeichnet, wohin ihr euch nach dem Äquator wenden könnt, und in welcher Entfernung, d.h. in wieviel Meilen ihr zu diesen Gegenden kommen könnt, die alle möglichen Gewürze, Edelgestein und Geschmeide in Fülle bergen. Und wundert euch nicht, daß ich die Teile, wo die Gewürze wachsen, Westen nenne, da man doch gewöhnlich sagt, sie befänden sich im Osten. [...] Von der Stadt Lissabon sind es auf der Karte gerade nach Westen 26 Abschnitte, jeder 250 Meilen breit, also nahezu ein Drittel des Erdumfangs, bis zu der ansehnlichen, großen Stadt Quinsay, die einen Umfang von 100 Meilen oder 25 leguas hat. [...] Und von der Insel Antilia, die ihr Insel der sieben Städte nennt, von der wir Kunde haben, sind es bis zu der berühmten Insel Cipango zehn Abschnitte, d.h. 2500 Meilen oder 625 leguas. Diese Insel ist sehr ergiebig an Gold, Perlen und Edelsteinen. Man bedeckt dort die Tempel und königlichen Gebäude mit reinem Gold. Da nun der Weg noch nicht bekannt ist, sind auch alle die anderen Wege noch unentschleiert. Man kann jedoch sicher dorthin gelangen. Noch vieles andere ließe sich hierüber sagen.»[21] Der Briefwechsel zwischen Kolumbus und Toscanelli ist übrigens immer wieder in Zweifel gezogen worden, wobei ebenfalls die nie aufgefundene Karte des Toscanelli (die man durch dessen präzise Angaben recht genau rekonstruieren kann) zu den gewagtesten Spekulationen Anlaß gegeben hat: Der Genuese soll gleichsam mit jener Karte in der Hand den Atlantik überquert haben.

Wie Toscanelli war Kolumbus in seinen kosmographischen Berechnungen allerdings von völlig falschen Voraussetzungen ausgegangen. Zum einem überschätzte er die Ausdehnung des Festlandes zwischen Europa und Asien beträchtlich. Bei der 360 Längengrade umfassenden Einteilung der Erde hatte Ptolemäus, dessen Schriften sich großer Bekanntheit erfreuten, die Ausdehnung des (asiatisch-europäischen) Festlandes auf 180 Grad berechnet. Der berühmte Mathematiker und Geograph hatte mit dieser bereits weit übertriebenen Schätzung die Angaben des antiken

Paolo Toscanelli. Ausschnitt aus dem Fresko «Cosimo de'Medici, umgeben von den Humanisten seiner Zeit» von Giorgio Vasari im Palazzo Vecchio, Florenz

Mathematikers Marinos von Tyrus korrigiert, der für die Landmasse einen Wert von 225 Grad errechnet hatte, so daß für die übrigen Entfernungen auf der Erde gerade noch 135 Längengrade verblieben. (In Wirklichkeit jedoch ist das Verhältnis genau umgekehrt.) Kolumbus griff die Angaben des Marinos von Tyrus auf und übertrug auf diese die Angaben des Marco Polo, der seinerseits die Ausdehnung Asiens weit überschätzt hatte. Auf diese Weise vergrößerte Kolumbus die Ausdehnung des Festlandes um noch einmal 28 Längengrade; dazu setzte er weitere 30 Längengrade für die Entfernung Japans von China an und kam durch diese kühne Berechnung nach weiteren kleineren Korrekturen auf eine Entfernungsangabe, wonach der Ozean zwischen dem Westrand Europas und «Cipangu» nur 60 oder 70 Längengrade bedecke.

Der zweite Fehler unterlief Kolumbus bei seiner Berechnung des Abstands der Längengrade voneinander. Dabei ging er von den Angaben des Alfraganus (Al Farghani) aus, eines berühmten arabischen Astronomen aus dem 9. Jahrhundert, auf dessen Werk sich noch Nikolaus Kopernikus stützte. Hatte Alfraganus das Maß eines Längengrades mit 66 See-

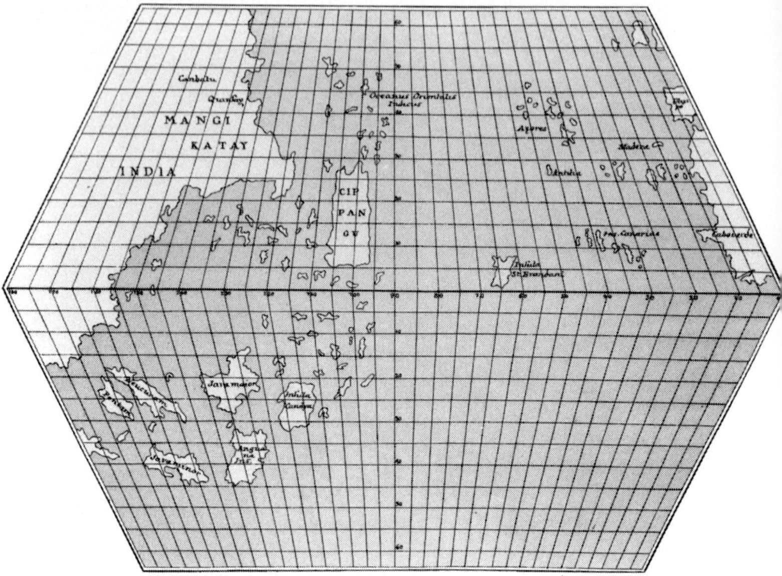

Eine Rekonstruktion der Weltkarte des Toscanelli (1474) mit den Umrissen Westeuropas und Westafrikas, dem «Oceanus occidentalis» (Atlantik), der legendären Insel Antilia und dem Fernen Osten mit «Katay» (China), «Cipangu» (Japan) und den Inseln des heutigen Indonesien

meilen durchaus richtig berechnet, so übertrug Kolumbus jedoch die von diesem Gelehrten benutzte arabische Meile auf die viel kürzere römische Meile, so daß er für den Abstand der Längengrade am Äquator nur einen Wert von etwa 80 Kilometern ansetzte; tatsächlich beträgt er aber 111 Kilometer (60 Seemeilen).

Kolumbus bog sich also seine Zahlen zurecht und paßte somit die Wirklichkeit seiner Idee einer Atlantiküberquerung an. Bei seinen Berechnungen gelangte er zu dem Ergebnis, daß er eine etwas über 4000 Kilometer lange Strecke zu bewältigen hätte, wobei sich «Cipangu» nach seiner Schätzung mitten in einem eigentlich 20000 Kilometer breiten Ozean (läge nicht der amerikanische Kontinent dazwischen) befinden mußte: nämlich auf der Höhe der (nach dem mythischen Antilia benannten) Antillen, wo er dann im Jahr 1492 zum erstenmal amerikanischen Boden betrat. Auf Grund dieses «großartigen Irrtums» (Leopold von Ranke) fand sich Kolumbus bei seiner «Entdeckung» Amerikas also bestätigt, obwohl er einer Wahnidee angehangen hatte, die auf völlig irrigen kosmographischen Voraussetzungen aufbaute. Und statt als starrsinniger Phantast mit seiner Mannschaft irgendwo in den Weiten des Atlantik unterzugehen, hatte er der Weltgeschichte, die mehr und mehr von Europa bestimmt wurde, durch die Entdeckung eines unbekannten Kontinents einen entscheidenden Impuls gegeben.

Im Jahr 1484 wurde Kolumbus vom portugiesischen König Johann II. empfangen, und nun konnte er an höchster Stelle seinen Plan zu einer Westreise vortragen. Johann II. war ein energischer Herrscher. Er bekämpfte die feudale Macht von Klerus und Adel, stärkte die königliche Zentralgewalt und förderte wie seine Vorgänger die Ausweitung des portugiesischen Imperiums. Um alle technischen und nautischen Fragen in der so wichtigen Seefahrt besser beurteilen zu können, hatte er einen beratenden Ausschuß geschaffen, der sich aus kompetenten Gelehrten zusammensetzte und sich «Junta dos Mathemáticos» nannte. Nachdem Kolumbus angehört worden war, reichte der König seinen Vorschlag an eben jene Junta zur Prüfung weiter.

Daß der kundige portugiesische Herrscher möglicherweise von dem Projekt des Kolumbus selbst nicht sehr angetan war, geht aus dem (allerdings viele Jahre später verfaßten) Bericht des Geschichtsschreibers João

Johann II. von Portugal. Zeitgenössisches Bildnis

de Barros hervor: «Als der König bemerkte, daß Cristovão Colom ein Großsprecher war und sich seiner Taten rühmte, auch mit mehr Phantasie und Einbildungskraft als Wissen von seiner Insel Cipango sprach, schenkte er ihm nur geringes Vertrauen. Doch da Kolumbus seine Sache hartnäckig verfocht, verwies ihn der König an D. Diego Ortiz, Bischof von Ceuta, und die Meister Rodrigo und José [Vizinho], welche er beauftragt hatte, sich mit kosmographischen Angelegenheiten und dem Forschungswesen zu beschäftigen; diese aber bezeichneten die Worte des Christovão Colom als leeres Gerede, das der Einbildung entsprang oder, wie jene Insel Cipango, den Berichten des Marco Polo.»[22] Allerdings kann Johann II. Kolumbus' Projekt nicht in derart brüsker Weise von sich gewiesen haben, denn als der später aus seinem Land geflüchtete Genuese 1488 von Spanien aus noch einmal wegen seines Plans bei dem portugiesischen König nachfragte, übersandte ihm dieser ein Schreiben, worin er ihn «unseren besonderen Freund» nannte, ihn zur Rückkehr aufforderte und dabei einen höchst konzilianten Ton anschlug.[23]

Die «Junta dos Mathemáticos», die man heute als «Expertenkommission» bezeichnen würde, wies Kolumbus' Vorschlag zurück, so wie ihm dies später auch in Spanien widerfahren sollte, wo ebenfalls eine Junta sein Ansinnen ablehnte. Und jene Gelehrten hatten dazu auch allen Grund: Die eigentliche Rechtfertigung erhielt der spätere Vizekönig der von ihm entdeckten Länder ja nur durch den Erfolg seiner Reise, der einzig und allein auf der Tatsache beruhte, daß Kolumbus, statt auf Nimmerwiedersehen zu verschwinden, auf Cathai und Cipangu stieß. Später ist immer wieder die Konfrontation des von der Richtigkeit seines Plans überzeugten Kolumbus mit einem Haufen laienhafter und bornierter Würdenträger herausgestrichen worden. Zwar gehörten insbesondere der späteren spanischen Kommission tatsächlich Mitglieder an, die in ihrem Denken noch in der Welt des Mittelalters befangen waren, doch muß dagegengehalten werden, wie weit fortgeschritten die Kenntnisse über die Gestalt der Erde zu jener Zeit schon waren und daß jene Kommissionen nicht aus Unwissenheit, sondern *wegen* ihres kosmographischen Wissens Kolumbus' Plan verwarfen. Denn ein völlig unbekanntes Meer auf einer Route zu überqueren, die nach halbwegs realistischen Berechnungen nur in Monaten zu bewältigen war, mußte den Gelehrten als Irrwitz erscheinen.

Zur Ablehnung des Projekts werden jedoch noch weitere Gründe geführt haben. Kolumbus forderte für sein Unternehmen eine staatliche Finanzierung, und wenn das portugiesische Königshaus zuvor stets bereitwillig Konzessionen für Entdeckungsfahrten vergeben hatte, so waren diese doch immer auf eigene Kosten durchgeführt worden (oder ein privater Förderer hatte sich Vorteile daraus versprochen). Ausgerechnet zu jener Zeit aber setzte die portugiesische Kolonialpolitik ganz auf die afrikanische Karte. Der Seefahrer Diego Cão hatte große Küstenstriche

Afrikas für Portugal erschlossen, und da man zeitweise geglaubt hatte, bereits die Südspitze des Kontinents erreicht zu haben, schien der sehnlich erhoffte Weg nach Indien bald gefunden zu sein. Zudem brachte Kolumbus möglicherweise zu weitgehende finanzielle wie rechtliche Forderungen vor, die ihm zum Rang einer höchst angesehenen Persönlichkeit verhelfen sollten. (Dabei ist allerdings der Bericht des Las Casas anzuzweifeln, daß sich diese Forderungen bereits derart maßlos wie später in Spanien ausnahmen.)

Recht bald nach der Ablehnung seines Vorschlags kehrte Kolumbus seiner Wahlheimat den Rücken. Entweder in der zweiten Hälfte des Jahres 1484 oder zu Beginn des Jahres 1485 schiffte er sich wohl in Lissabon ein und betrat in dem kleinen andalusischen Seefahrerstädtchen Palos spanischen Boden. Einzig von seinem kleinen Sohn Diego begleitet, verließ er nach Las Casas «Portugal ganz heimlich»[24]. Sein Bruder Bartolomé blieb zurück, er verdingte sich in Lissabon wohl noch weitere drei Jahre als Kartenzeichner. Nur mit dem notwendigsten Hab und Gut langte der spätere Admiral in Spanien an – das ganze Unternehmen erinnert sehr an eine Flucht. Daß dabei nicht alles mit rechten Dingen zuging, scheint auch jenes Schreiben anzudeuten, das Johann II. dem Kolumbus ein paar Jahre später zukommen ließ. Darin heißt es: «Da Ihr auf Grund einiger Angelegenheiten, in die Ihr verwickelt seid, von unseren Richtern vielleicht einige Gefahr zu erwarten habt, so sichern wir Euch durch vorstehenden Brief für Ankunft, Aufenthalt und Rückkehr zu, daß Ihr weder verhaftet noch zurückgehalten, angeklagt, vorgeladen noch ausgefragt werden sollt, gleichviel ob die Ursache ziviler oder krimineller Art ist von irgend welcher Beschaffenheit.»[25] Vor dem Hintergrund dieses Schreibens erscheint die Annahme plausibel, daß Kolumbus Schulden angehäuft hatte und vor seinen Gläubigern fliehen mußte. Dafür spricht auch eine Verfügung in seinem Testament, nach der einigen Personen Beträge zu erstatten seien, von denen die meisten in der einen oder anderen Form in Lissabon Geldgeschäfte getätigt hatten. Auf jeden Fall kann man davon ausgehen, daß Cristovão Colom sich während seines nahezu achtjährigen Aufenthalts in seiner neuen Heimat Portugal keine wirklich solide finanzielle Grundlage hatte schaffen können. Im übrigen dürfte auch sein Aufenthalt am königlichen Hof zur Prüfung seines Vorhabens sicherlich größere Beträge verschlungen haben.

Spanien und die Zeit des Wartens

Nachdem Kolumbus in Portugal für seine Pläne einer Westfahrt keine Förderung gefunden hatte, wich er also nach Spanien aus. Ihm blieben nicht viele Möglichkeiten, sein Projekt einem anderen Königshaus anzubieten, da eigentlich nur drei weitere Staaten in Frage kamen, die über eine starke Zentralgewalt und eine entsprechende wirtschaftliche Entwicklung als Voraussetzungen für eine Finanzierung seiner Expedition verfügten: England, Frankreich und Spanien. Tatsächlich versuchte Bartolomé, der Zweitgeborene der Colombo, um das Jahr 1488 den englischen König Heinrich VII. von dem Plan zur Westfahrt zu überzeugen; als er dafür am königlichen Hof in London niemanden begeistern konnte, wandte er sich einige Zeit später an das französische Herrscherhaus unter dem minderjährigen König Karl VIII. Vielleicht verfolgte man das Vorhaben dort trotz einer Ablehnung mit einigem Interesse, da sein Bruder Christoph, nachdem seine Aussichten in Spanien im Jahr 1491 scheinbar endgültig zerstoben waren, wohl mit dem Gedanken spielte, Bartolomé nach Frankreich zu folgen. Dieser hatte sich am königlichen Hof in Fontainebleau als Kartenzeichner niedergelassen und hielt Kontakt zur älteren Schwester des Königs. Auf jeden Fall erreichte der Vorschlag einer «West-Indien-Fahrt» sowohl England wie auch Frankreich um etliche Jahre zu früh, da die Wirtschaft dieser Länder noch nicht auf risikoreiche koloniale Bestrebungen außerhalb Europas ausgerichtet war.

In Spanien, das sich in der zweiten Hälfte des 15. Jahrhunderts als Nationalstaat etablierte, mußte das Königshaus zunächst alle Energien darauf verwenden, gegen die Herrschaft des feudalen Hochadels anzukämpfen, der sich mit all seiner Macht gegen die Ausweitung der monarchischen Zentralgewalt wandte. Der Festigung der königlichen Hegemonie diente auch der Konflikt mit Portugal, der als «Kastilischer Erbfolgekrieg» (1475–79) am Ende dazu führte, die politische Einheit des Landes durchzusetzen: Die Vereinigung der lange Zeit verfeindeten Königreiche Kastilien und Aragón vollzog sich durch die Hochzeit der späteren «Katholischen Könige» Ferdinand II. und Isabella. In der Auseinandersetzung mit Portugal wurde aber auch bereits um die kolonialen Interessen der beiden iberischen Staaten gestritten. Da der Seehandel

Ferdinand II. von Aragón.
Zeitgenössisches Bildnis

Isabella I. von Kastilien.
Zeitgenössisches Bildnis

sich zunehmend über den engen Raum des Mittelmeers hinaus ausgeweitet hatte und an der mit Handelsstützpunkten erschlossenen Küste Afrikas entlang der Seeweg nach Indien gesucht wurde, war Spanien darauf bedacht, sich endgültig die Herrschaft über die strategisch überaus günstig gelegenen Kanarischen Inseln zu sichern. Dies gelang schließlich im Jahr 1479 durch den Friedensvertrag von Alcáçovas, in dem Spanien auf jede weitere Expansion südlich der Kanarischen Inseln verzichtete und dafür den Archipel zugesichert bekam; Portugal wiederum durfte keine Gebiete im Westen davon beanspruchen. Durch den weiteren Verlauf der Geschichte sollte diese Übereinkunft äußerst wichtig werden, da durch die Entdeckung Amerikas dieser «Westen» rechtlich zu Spanien gehörte, das mit den Kanarischen Inseln eine ideale Basis für die Überquerung des Atlantiks besaß.

Das im Jahr 1479 zum Nationalstaat geeinte Spanien versuchte zunächst mit allen Kräften einen Kampf zu beenden, der das politische Geschehen auf der Halbinsel seit über 700 Jahren bestimmt hatte: Endlich sollte die Reconquista abgeschlossen werden, die Wiedereroberung des letzten islamisch regierten Teils der Halbinsel. Einzig das von Intrigen geschwächte Königreich Granada zeugte noch vom Glanz des einstigen Kalifenreichs in Spanien; die Eroberung Granadas, die erhebliche finanzielle Mittel erforderte, war zur nationalen Aufgabe geworden, der sich Politik und Wirtschaft unterordneten.

In Spanien standen Kolumbus' Chancen somit noch viel schlechter als am portugiesischen Königshof, und doch schlug die Geschichte Kapriolen und ließ ihn von diesem Land aus auf einen Kontinent stoßen, welcher der Alten Welt völlig unbekannt war.

Einer phantasievollen Überlieferung nach, die zum beliebten Bildthema wurde, erschien Kolumbus eines Tages vor dem Tor des Klosters La Rábida und bat um Wasser und Brot für seinen Sohn Diego, den er an der Hand mit sich führte. Er wurde gütig aufgenommen, gewann den Klostervorsteher und einen weiteren einflußreichen Pater für sein Projekt, den Osten im Westen zu suchen, und erhielt schließlich durch deren Vermitt-

Alonso Canos «Kolumbus in La Rábida», ein schönes Beispiel für die verklärende Historienmalerei des 19. Jahrhunderts

lung eine Audienz beim spanischen Königspaar. In Wirklichkeit war der weitere Weg des Kolumbus weniger gradlinig als es die Legende will: Der nach Spanien entwichene Genuese konnte in der Gegend der einander benachbarten Hafenstädte Palos und Huelva zum mindesten auf die Hilfe von zwei Brüdern seiner (wohl schon verstorbenen) Frau Felipa rechnen; darüber hinaus ist anzunehmen, daß er sich im grenznahen Gebiet zu Portugal auf weitere Bekannte stützen konnte, denen er auf seinen Fahrten begegnet war. Da Kolumbus auch nach der Ablehnung seines Vorschlags in Portugal überzeugt am Plan einer Westfahrt festhielt, kann noch nicht einmal davon ausgegangen werden, daß er zu jener Zeit seine Hoffnungen allein auf Spanien gesetzt hätte. Denn einer seiner späteren Förderer, der Graf von Medinaceli, Don Luis de la Cerda, traf in einem Brief aus dem Jahr 1493 die eindeutige Feststellung: «Ich habe den Cristoforo Colombo lange in meinem Haus beherbergt, als er von Portugal kam und die Absicht hegte, sich zum König von Frankreich zu begeben.»[26]

Das Kloster La Rábida gehörte dem Orden der Franziskaner, denen er möglicherweise in Genua seine bescheidene schulische Ausbildung verdankte und zu denen er sich auf jeden Fall sehr hingezogen fühlte. Dieses Kloster nahm nach seiner Ankunft aus Portugal seinen Sohn Diego in Obhut, so daß er sich wiederum mit allen Kräften für sein alleiniges Lebensziel einsetzen konnte. Und in La Rábida begeisterte er wohl auch den Prior des Klosters, Pater Juan Pérez, so sehr von seinem Indien-Projekt, daß dieser ihn mit dem Franziskaner Antonio de Marchena bekanntmachte, einem gelehrten Kosmographen und Humanisten, der sich nautischen Studien verschrieben hatte. Beide Patres verfügten über engen Kontakt zu den Adelskreisen des spanischen Hofes, wobei Pérez der spanischen Königin Isabella zuvor sogar persönlich als Page gedient hatte. In beeindruckend kurzer Zeit gelang es Kolumbus, zu jenen Persönlichkeiten vorzustoßen, die für die Finanzierung seines Plans in Frage kamen. Durch die Fürsprache des Antonio de Marchena konnte er zuerst bei dem Herzog von Medina-Sidonia, Don Enrique de Guzmán, vorstellig werden, einem der mächtigsten und einflußreichsten der königlichen Untertanen, der über riesigen Feudalbesitz im südlichen Andalusien verfügte. Der Herzog war zwar äußerst angetan von der Idee jenes Fremden, auf dem kürzesten Weg zu den märchenhaften Reichtümern Indiens zu gelangen, jedoch konnte oder wollte er der Angelegenheit nach einiger Zeit nicht mehr nachgehen. Kolumbus gelang es allerdings, bei einem weiteren Vertreter des Hochadels Gehör zu finden, jenem bereits erwähnten Grafen und späteren Herzog von Medinaceli, der ihm den Zugang zum Königshaus eröffnete. Dieser ebenfalls in hohem Ansehen stehende Grande, dessen Gastfreundschaft der zukünftige «Entdecker Amerikas» ab Herbst 1485 für einige Monate genoß, fand sich bereit, den Großteil der Kosten einer Expedition in Richtung Westen zu tragen und den unter seinem Schutz stehenden Genuesen «mit drei oder vier wohlausgerüsteten Karavellen zu versehen, denn er verlangte nicht mehr»[27]. Da Don Luis jedoch ein treuer Untergebener des Königshauses war, nahm er sich nicht das Recht heraus, dieses unter Umständen folgenreiche Vorhaben ohne Einwilligung der Könige in die Tat umzusetzen. Dabei mag die Entscheidung des Grafen, der angeblich bereits mit dem Bau der notwendigen Schiffe begonnen hatte, wohl auch in Zweifeln über den glücklichen Ausgang eines so ungewöhnlichen Unternehmens begründet gewesen sein. Don Luis hatte jedenfalls die Königin über das Projekt unterrichtet und eine Entscheidung somit höchsten Stellen vorbehalten. Als Antwort erhielt Kolumbus eine Vorladung zur Audienz bei dem Königspaar.

Von diesem Zeitpunkt an war der Plan zur Westfahrt quasi zu einer staatlichen Angelegenheit geworden. Zwar war Kolumbus damit zu den höchsten Entscheidungsträgern vorgedrungen, aber zugleich hatte sich für ihn auch die Möglichkeit zerschlagen, in naher Zukunft seinen alle Vorstellungen sprengenden Plan in die Wirklichkeit umsetzen zu können. Mit dem Jahr 1486 begann für ihn jene schier nicht enden wollende Zeit des Wartens, über die er sich rückblickend immer wieder voll bitterer Klagen äußern sollte.

Zu Beginn des Jahres 1486 reiste Kolumbus nach Córdoba, wo er sich am 20. Januar bei Hofe einfand. Das Königspaar selbst hielt sich jedoch zu jener Zeit in Madrid auf, da man der Stadt Córdoba nicht auch über den Winter die Bürde der aufwendigen königlichen Hofhaltung zumuten wollte. In den folgenden Wochen lernte der einstige Wollkämmer wichtige Persönlichkeiten kennen, wie den königlichen Hauptschatzmeister Alonso de Quintanilla, und er drang mit seinem Anliegen bereits bis zu Don Pedro González de Mendoza vor, dem Großkardinal von Spanien und Erzbischof von Toledo, der auf Grund seines bedeutenden Einflusses als «dritter König» des Landes betrachtet wurde. In den Unterredungen mit diesen hohen Herrschaften konnte er sich auf das entscheidende Gespräch mit dem Königspaar Ferdinand und Isabella vorbereiten. Kurz nachdem die Souveräne nach Córdoba zurückgekehrt waren, wurde er schließlich Anfang Mai zur Audienz vorgelassen, die in der prächtigen Mezquita gegeben wurde, der zu einer christlichen Kirche umgewandelten gewaltigen maurischen Moschee.

Über den Inhalt der Unterredung existieren als Quelle nur wenige Sätze des Andrés Bernáldez, eines späteren engen Vertrauten des Kolumbus, in seiner «Historia de los Reyes Católicos» («Geschichte der Katholischen Könige»): «Er erzählte ihnen das, was er sich ausgedacht hatte, und sie schenkten ihm nur wenig Glauben. Er drang in sie und beteuerte, daß er die Wahrheit sage; er zeigte ihnen auch eine Weltkarte. Schließlich wurde bei ihnen der Wunsch lebendig, mehr von jenen Ländern zu erfahren.»[28] Es wird Kolumbus also sicherlich nicht leichtgefallen sein, den Herrschern seine kühne Idee näherzubringen. Jedoch muß er letztlich doch auf ein bestimmtes Interesse gestoßen sein, denn wie schon am Hof in Lissabon wurde als Ergebnis der Audienz einige Zeit später ein Beirat ins Leben gerufen, der die entscheidenden Fragen des Projekts untersuchen sollte.

Die Einsetzung einer Kommission kam für Kolumbus sicherlich nicht überraschend, da ja, von Toscanelli abgesehen, die Idee eines solch risikoreichen Unternehmens noch von niemandem zuvor derart konsequent durchdacht worden war. Und da zudem die ganze Aufmerksamkeit des spanischen Herrscherpaares auf den riesige Geldsummen verschlingenden Krieg gegen die Mauren gerichtet war, bedeutete die Einsetzung der Junta also durchaus keinen Mißerfolg. Vor dem Hintergrund einer nahezu leeren Staatskasse mußte Kolumbus dies als Zeichen werten, seinen Vorschlag ernsthaft prüfen zu wollen. Darüber hinaus stand er nun offiziell im Dienst der Krone und erhielt daher vom Königshaus ein Salär, das allerdings nur bis zur Mitte des Jahres 1488 ausgezahlt wurde. Bis dahin war die eingesetzte Kommission noch nicht zu einer Entscheidung gekommen; die Vermutung liegt also nahe, daß spätestens zu diesem Zeitpunkt das Interesse an seinem Projekt erlahmt war. Trotzdem wurde die Angelegenheit noch weiter hinausgezögert, und es sollte bis zum Ende des Jahres 1490 dauern, bis endlich ein Urteil gefällt war, das dann freilich negativ ausfiel.

Die Kommission wurde unter den Vorsitz des Paters Hernando de Talavera gestellt, eines der wichtigsten Ratgeber des Landes, Beichtvater der Königin und später Erzbischof im eroberten Granada. Die entscheidenden Sitzungen dieses Gremiums fanden in der berühmten Universitätsstadt Salamanca statt, aber auch an anderen Orten, je nachdem, wo sich das Herrscherpaar mit seiner beweglichen Hofhaltung aufhielt. Die Quellen über das Leben des berühmten Admirals versiegen für jenen Zeitraum leider nahezu ganz, so daß man auf Mutmaßungen angewiesen ist. Kolumbus wird sicherlich hin und wieder zu bestimmten Unterredungen vorgeladen worden sein; auch werden ihn einzelne Mitglieder der Kommission zu seinem Plan befragt haben. Ebenso möglich erscheint die Annahme, daß die Junta überhaupt nur ein einziges Mal vollständig zusammentrat.

Diese Auftritte des Kolumbus vor der spanischen Junta waren es, die in der späteren, oft heroisierenden Geschichtsschreibung über den «Entdecker Amerikas» meist als Auseinandersetzung von bornierten, mittelalterlich unwissenden Würdenträgern mit einem die Wahrheit verkündenden Visionär dargestellt wurden, der sich in einer Verhörsituation zu rechtfertigen hatte. Die Darstellung findet ihren Ursprung in den Berichten von Las Casas und Fernando, die jedoch als Anhänger des Kolumbus in dieser Angelegenheit voreingenommen für ihn Partei ergriffen. Las Casas etwa schrieb über diese Zeit: «Er begann einen schrecklichen, fortwährenden, schmerzensreichen und endlosen Kampf zu führen; ein mit scharfer Klinge geführter Kampf hätte nicht so unerbittlich und grausam

N. Barabino: «Kolumbus wird von der Junta von Salamanca verspottet». So will es die Legende, der die Historienmalerei Tribut zollt

sein können wie jenes unablässige Ringen mit den vielen Menschen, die er überzeugen sollte, ohne daß sie ihn verstanden, die sich aber anmaßten, alles besser zu wissen: jener stille Kampf mit den zahlreichen Gegnern, denen er geduldig antworten mußte, ohne daß sie begriffen, wer er war, die ihm ohne Achtung und mit beleidigender Rede begegneten, so daß er in der Seele betrübt war.»[29] Sicherlich war die Kommission von Salamanca eher durch Theologen geprägt als jene von Lissabon, und es erscheint durchaus vorstellbar, daß sich ein Mitglied auch auf den «christlichen Cicero» Lactantius berief, der polemisch gefragt hatte, ob jemand so von Sinnen sein könne, daß er glaubte, es gäbe Antipoden, die mit ihren Füßen gegen die unseren stehen, Menschen, die mit in die Höhe gekehrten Beinen und herunterhängenden Köpfen gingen. Auch berief man sich wahrscheinlich oft auf den heiligen Augustinus, von dem ähnliche Aussagen über die Antipoden, über die unerträgliche Hitze am Äquator und dergleichen Dinge mehr überliefert sind; die Atmosphäre in der Kommission muß jedoch eher eine von wissenschaftlichen Disputationen gewesen sein. Denn Kolumbus sah sich in der Hauptsache Gelehrten gegenüber (Salamanca verfügte zu jener Zeit über eine der berühmtesten Universitäten Europas), die mit ihrem Wissen durchaus auf der Höhe der Zeit standen. Wie dies auch aus der Urteilsbegründung des Talavera hervorgeht, konzentrierten sich die Auseinandersetzungen vor allem auf die Frage, wie groß der Abstand zwischen Europa und «Indien» sei, und in dieser Hinsicht mußten die Gelehrten die mathematischen und kosmographischen Berechnungen des Kolumbus als falsch erkennen, was einige wohl auch mit theologischen Argumenten zu belegen wußten. Auf genauere Begründungen ließ sich der Wollwebersohn anscheinend gar nicht ein, behielt er doch nach Las Casas «die gewichtigsten Argumente für sich»[30], ein Verhalten, das sich wohl in erster Linie auf Unwissen gründete.

Insbesondere ein Motiv könnte eine Rolle gespielt und das berufene Gremium gegen die Pläne des Kolumbus eingenommen haben: Kolumbus zeigte bereits zu jener Zeit Anzeichen einer später deutlicher hervortretenden Religiosität, die man nur als fanatisch bezeichnen kann. Wenn er viele seiner Begründungen für die Möglichkeit einer Westfahrt aus Hinweisen ableitete, die er in der Bibel fand, und wenn er an den baldigen Untergang der Welt glaubte, weshalb er das Christentum zuvor noch so weit wie möglich verbreiten wollte, so mögen diese Ansichten besonders den kirchlichen Vertretern in den Gremien durchaus zugesagt haben. Aber gerade die Theologen in der Kommission – wie der asketische Talavera als Vorsitzender – müssen sich durch die eigenwillige Bibelauslegung des Kolumbus herausgefordert gefühlt haben. Und es werden wohl alle Kommissionsmitglieder sehr hellhörig geworden sein, wenn der sich später «Christusträger» Nennende leise anklingen ließ, von Gott auserwählt zu sein, um die Voraussagen der alttestamentarischen Propheten zu erfüllen.

Als am Ende des Jahres 1490 der Vorsitzende Talavera schließlich das Urteil der Kommission verkündete, hätte dieses vernichtender nicht ausfallen können. So erkannte das Gremium, «daß Kolumbus' Verheißungen und Vorschläge unmöglich und fruchtlos seien und Ablehnung verdienten». Und weiter wurde erklärt: «Es war ungehörig, das Ansehen des Königspaares damit zu belasten, daß es sich zur Unterstützung eines Unternehmens hergab, das auf so schwachen Füßen stand. Jeder gebildete Mensch, selbst wenn es ihm an Wissen auf diesem Gebiet fehlen mochte, sah ein, daß seine Pläne unbestimmt und ihre Durchführung unmöglich seien. Darin hätten die Könige nur das aufzuwendende Geld verloren, und die Würde der Krone hätte Einbuße erlitten, ohne daß man Erfolg gesehen hätte.» Kolumbus hatte den Tiefpunkt seines Lebens erreicht, und obwohl das spanische Herrscherpaar ihm (vielleicht nur aus Gründen des Taktes) «nicht ganz die Hoffnung nahm, daß man auf die Angelegenheit zurückkommen werde, falls im Laufe der Zeit sich eine günstigere Gelegenheit bieten sollte»[31], so stand er gleichwohl vor einem Scherbenhaufen. Es heißt, daß er schon zuvor wiederum durch Kartenzeichnen und Bücherverkauf seinen Lebensunterhalt bestritten hatte; und der Bericht seines Biographen Gonzalo Fernández de Oviedo y Valdés über die

Jahre um 1490 dürfte in groben Zügen der Wahrheit entsprechen: «Fast sieben Jahre dauerte diese Zeit der Widerwärtigkeiten, die man ihm bereitete, ihm, der doch der königlichen Krone Kastiliens so große Reichtümer und Länder bringen wollte. Aber sein Mantel war zerschlissen, und deshalb hielt man ihn für einen Träumer und Schwärmer und nannte alles Fabeln, was er sagte und erzählte. Außerdem war er ein Unbekannter und Ausländer, so daß niemand ihm Förderung erwies.»[32]

In jenen Jahren des Wartens konnte Kolumbus allerdings auf den Rückhalt bauen, den ihm die Beziehung zu einer jungen Frau gab, die er in Córdoba kennengelernt hatte und die am 15. August 1488 Mutter seines zweiten Sohnes Fernando wurde. Über das Verhältnis zu jener Beatriz Henríquez de Harana, einer Vollwaise aus recht wohlhabenden Verhältnissen, kursieren viele Mutmaßungen. Denn für Spekulationen findet sich reichlich Nährboden, hatte doch Kolumbus die fünfzehn Jahre jüngere Beatriz nicht zum Altar geführt, womit er als strenger Katholik eine schwere Schuld auf sich lud. Es mag dahingestellt bleiben, ob Beatriz am Hofe nicht als «Dame von Rang» gegolten hätte oder ob Kolumbus seinen Plan nicht durch eine Heirat gefährden wollte; jedenfalls vermachte er ihr später eine Jahresrente von 10 000 Maravedis und mahnte in seinem Testamentszusatz aus dem Jahr 1505 seinen Sohn Diego: *Ich befehle ihm für Beatrice Henríquez, die Mutter meines Sohnes Don Fernando, Sorge zu tragen, sie mit den nötigen Mitteln zu versehen, daß sie davon würdig leben kann; sie ist ein Mensch, dem ich tief verpflichtet bin; dies soll zur Entlastung meines Gewissens geschehen, denn es drückt schwer auf meiner Seele. Ausführlicher darüber zu sprechen ziemt sich hier nicht.*[33] Es erscheint möglich, daß Kolumbus in jenen langen Jahren vor 1492 von eben jener Beatriz, die ihn um fünfzehn Jahre überlebte und über deren Person – wie im Fall seiner Ehefrau Dona Felipa – nahezu nichts bekannt ist, bis zu einem gewissen Grade finanziell unterstützt wurde.

Im Sommer des Jahres 1491 hatte Kolumbus wohl die Entscheidung getroffen, seine Zelte in Spanien abzubrechen und sein Glück woanders zu suchen, da er nicht mehr darauf hoffen konnte, daß sich der Sinn der Könige schnell ändern würde, wäre nur erst die Reconquista abgeschlossen. Die Errichtung des befestigten Lagers Santa Fé vor Granada war ein Zeichen dafür, daß eine rasche Einnahme der berühmten Maurenstadt nicht zu erwarten war. Wahrscheinlich dachte er daran, seinen Plan dem französischen Herrscher Karl VIII. vorzutragen, denn obwohl das Projekt des künftigen Admirals auch dort abschlägig beschieden worden war, hätten sich doch eventuell über seinen Bruder Bartolomé Beziehungen zum königlichen Hof knüpfen lassen.

Jedenfalls begab er sich zunächst noch einmal zum Kloster La Rábida, wohl um dort seinen inzwischen zehn oder elf Jahre alten Sohn Diego abzuholen. Und eben an jenem Ort, wo er sich sieben Jahre zuvor nach seinem Rückzug aus Portugal als erstes hinbegeben hatte, ermöglichte ihm ein Ordensbruder jenes Fray Antonio de Marchena, der ihn vor mehr als sechs Jahren mit einem Empfehlungsschreiben auf den Weg geschickt hatte, noch einmal mit dem Königshaus in Verbindung zu treten: Es handelte sich um den Kolumbus längst bekannten Vorsteher von La Rábida, Juan Pérez. Dieser ehemalige Beichtvater und geistliche Lehrer der Königin Isabella wollte das Projekt des Genuesen für Spanien nicht als gescheitert ansehen und wandte sich mit einem Brief an das Herrscherhaus, wohl darauf hoffend, daß Kolumbus durch ein zweites persönliches Gespräch mit Königin Isabella sein Unternehmen durchsetzen könne. Bereits nach kurzer Zeit erhielt Fray Juan Pérez eine Benachrichtigung der Königin, daß er sich am Hofe einzufinden habe und daß jener Colón «völlig darüber beruhigt werden solle, daß Ihre Hoheit ihm schreiben werde, und er solange warten möge»[34]. Nachdem sich Juan Pérez auf den Weg nach Santa Fé gemacht hatte, wo sich das Herrscherpaar aufhielt, wurde Kolumbus einige Zeit später das angekündigte Schreiben samt einer Zahlung von 20 000 Maravedis zugestellt, und er wurde aufgefordert, sich ein Reittier und ehrbare Kleider zu kaufen und vor Ihrer Hoheit zu erscheinen.

Über die Gründe des plötzlichen Gesinnungsumschwungs der Könige wird nie vollständige Klarheit zu erreichen sein, zumal der weitere Lauf der Ereignisse sehr stark von persönlichen Urteilen und Entscheidungen beeinflußt zu sein scheint. Als konkreter geschichtlicher Hintergrund läßt sich jedoch die aussichtslos gewordene Lage des letzten maurischen Königs Abdallah (Boabdil) anführen, der im Herbst jenes Jahres insgeheim Verhandlungen über die Bedingungen zur Übergabe des belagerten Granada aufnahm. Der Brief des Juan Pérez muß die Königin in Santa Fé erreicht haben, als sie voller Zuversicht war, das letzte Kapitel muslimischer Herrschaft in Spanien siegreich abzuschließen.

Irgendwann im August 1491 traf jedenfalls Kolumbus in dem befestigten Lager des «Heiligen Glaubens» ein, wo nach seinem Erscheinen vor der Königin sein Plan wiederum einer Junta überwiesen wurde; dieser Ausschuß nahm sich diesmal in rasch aufeinanderfolgenden Sitzungen wohl eher der technischen Seite einer Ozeanüberquerung an und teilte sein Ergebnis daraufhin dem königlichen Rat mit, damit dieser über die Modalitäten hinsichtlich einer solchen Fahrt entscheide.

Als Kolumbus dann jedoch seine Bedingungen stellte, müssen die hohen Herren und ihre Ratgeber wie vor den Kopf geschlagen gewesen sein. Vielleicht als Folge der vielen Demütigungen in den Jahren zuvor, versteifte sich der Genuese auf ein Alles oder Nichts und erhob Forderungen, die nur als absolut maßlos, wenn nicht weltfremd zu bezeichnen sind. So verlangte er den Adelstitel «Don» für sich und seine Nachkommen; er forderte den Rang eines Admirals, der mit denselben Privilegien ausgestattet sein sollte, wie sie dem Großadmiral von Kastilien zustanden; er beanspruchte den zehnten Teil aller Einkünfte in den neu entdeckten Ländern und das Recht, sich an allen Handelsunternehmungen jeweils zu einem Achtel selbst beteiligen zu können; er wollte das uneingeschränkte Richterrecht in allen aus dem Handel entstehenden Streitfragen wahrnehmen; und er erhob Anspruch auf den Titel eines Vizekönigs und Generalstatthalters aller von ihm entdeckten Gebiete sowie auf das Recht, die dort einzusetzenden Beamten selbst auszuwählen. Alle Titel, Befugnisse und finanziellen Ansprüche sollten erblich sein und vom Vater auf den Sohn übergehen. Abgesehen von den absonderlichen finanziellen Vorstellungen knüpfte Kolumbus an Leitbilder an, die noch dem feudalen Rechtssystem des Mittelalters angehörten, während doch das spanische Königtum darum bemüht war, die Zentralisierung des Staates zu fördern und den partikulären Einfluß des mächtigen Adels zurückzudrängen. Als Vizekönig mit eigenem Vorschlagsrecht zur Einsetzung seiner «Untergebenen» und als höchster Richter in handelsrechtlichen Streitfragen wäre Kolumbus, ausgestattet mit den entsprechenden Einkünften, die Rolle eines Herrschers zugefallen, der in Konkurrenz zum Königspaar gestanden hätte.

Obwohl seine Forderungen im Grunde aussichtslos waren, beharrte er starrsinnig und voller Stolz darauf und, wie Las Casas schrieb, «bedrängten ihn die Sorgen so, daß es eigentlich schien, als müsse er sich mit dem Angebot zufrieden geben, das man ihm vorlegte. Die Könige erwarteten, daß er seine Ansprüche mäßigen würde, und diesmal gaben sie ihm zunächst einmal das, was er für seine Reise brauchte, und darüber hinaus erhielt er so viel, wie er vernünftigerweise erwarten konnte. Aber er gab in keinem Punkt nach, sondern beharrte unabänderlich auf seinen einmal angemeldeten Forderungen.»[35] Natürlich war es für das Königspaar unannehmbar, sich von irgend jemandem Bedingungen vorschreiben zu lassen, noch dazu, wenn sie ihnen von einem Ausländer von niedrigem Stand diktiert wurden. Einige Zeit nach der Übergabe Granadas am 2. Januar 1492 – Kolumbus erlebte den feierlichen Einzug der spanischen Herrscher in die Stadt – wurde seinem Projekt auf Grund der weit überzogenen Forderungen die Zustimmung verweigert.

An diesem Punkt der Geschichte wurde ein gewisser Luis de Santángel wichtig; er hatte Kolumbus kennengelernt und sich von seinem Plan überzeugen lassen. Santángel war als Finanzverwalter des Hauses Aragón einer der wichtigsten Männer am Hofe, der sich zudem auch privat als Geschäftsmann betätigte. Da nach der «Lösung» des spanisch-maurischen Konflikts bei vielen Finanziers die Bereitschaft bestand, mit Hilfe des Königshauses im wahrsten Sinn zu neuen Ufern aufzubrechen, schien für diese eine günstige Gelegenheit ungenutzt vorüberzugehen. Denn der von seinem Plan überzeugte Kolumbus hatte immer wieder auf das viele Geld, die Gewürze, die kostbaren Stoffe und all die in Europa so begehrten Schätze hingewiesen, die mit seinem Unternehmen auf einfache

Weise zu erreichen wären. Santángel sprach also nicht nur für sich, als er die Königin Isabella noch einmal zum Umdenken aufforderte. Leicht konnte er die Rechnung aufstellen, daß insbesondere die leeren Kassen des spanischen Königshauses angesichts des möglichen Gewinns die Fahrt nach «Indien» rechtfertigten, zumal sich Santángel bereit erklärte, einen großen Teil der entstehenden Kosten zu übernehmen. Außerdem ließ sich angesichts der Euphorie über den siegreich abgeschlossenen Kampf gegen das letzte muslimische Königreich in Spanien erfolgversprechend auf die religiösen Implikationen eines Unterfangens verweisen, «das Gott und der Lobpreisung Seiner Kirche» von großem Nutzen sei [36]; und was die maßlos überzogenen Forderungen des Kolumbus betraf, so konnte das Augenmerk darauf gelenkt werden, daß mit der Unterzeichnung eines entsprechenden Vertrags bis auf einen Adelstitel eigentlich nichts vergeben wurde und daß sich die weitergehenden Forderungen des Genuesen auf den Fall beschränken ließen, daß dieser westwärts fahrend tatsächlich auf Indien stoße. Und sollte er seine Theorie in der Praxis bestätigen, so wären für Spanien unendliche Quellen des Reichtums erschlossen.

Folgt man den überlieferten Berichten, erließ die Monarchin Isabella den Befehl, den zukünftigen Admiral des Weltmeeres an den Hof zurückzurufen, woraufhin ein königlicher Bote Kolumbus nur einige Meilen von Santa Fé entfernt abfing. Nach weiteren Verhandlungen wurde das Unternehmen schließlich am 17. April 1492 vom Königshaus gebilligt, und dabei spielte die Zustimmung einer einzelnen Person, der Königin, eine entscheidende Rolle. Der von seiner Idee besessene Wollwebersohn erhielt also die Möglichkeit, drei Schiffe auszurüsten, diese im Zeitalter der noch vorherrschend küstennahen Schiffahrt über den offenen Ozean zu führen, zur Jahreszeit der Wirbelstürme unbehelligt durch die Karibik zu segeln, sein Flaggschiff (die «Santa María») in Amerika zu verlieren und auf dem Rückweg wohlbehalten durch die schlimmsten Orkane zu steuern.

Die Entdeckungsfahrt

Nachdem am 17. April 1492 die sogenannten Kapitulationen von Santa Fé, der Vertrag über die von Kolumbus gestellten Forderungen, abgefaßt worden waren, bestätigte das Königspaar am 30. April in einem weiteren Dokument alle Kolumbus zugesagten Titel und Ämter und stellte ihm zusammen mit einer Art Reisepaß ein Beglaubigungsschreiben zur Vorlage bei fremden Herrscherhäusern aus. Darüber hinaus erhielt der Admiral des Weltmeeres drei weitere Schriftstücke, die sich auf die Ausrüstung der Flotte bezogen. Eines davon wandte sich an die Bürger der Stadt Palos, und es heißt darin: «Und tun Euch zu wissen kund, daß Ihr für gewisse von Euch zu unserem Schaden begangene Vergehen von unserem Rat verurteilt und verpflichtet seid, uns für zwölf Monate zwei ausgerüstete Karavellen auf Eure Kosten zur Verfügung zu stellen.»[37] Mit dieser listigen Verfügung der Könige wurden bestimmte Pirateterien oder Schmuggelaffären in Palos zum Anlaß genommen, dem Hof ein Gutteil Kosten des Unternehmens zu ersparen. Wenn dadurch auch die Probleme des Königshauses um die Finanzierung der Fahrt deutlich werden, so muß gleichwohl betont werden, daß die Entdeckung Indiens mit voller Absicht zu einer Angelegenheit des Staates gemacht wurde.

Am 23. Mai verkündete der Notar von Palos, Francisco Fernández, in der Kirche San Jorge das königliche Dekret zur Ausrüstung der Schiffe. Zugleich gab er eine weitere Verfügung bekannt, welche später immer wieder als Beweis angeführt wurde, daß sich die Mannschaft der ersten Atlantiküberquerung vor allem aus Strauchdieben und Kriminellen zusammengesetzt habe. Der Erlaß versprach jedem, der sich für das Unternehmen anheuern ließ, Straffreiheit in allen Gerichtsverfahren, die zu dieser Zeit gegen ihn geführt wurden. Darin drückte sich eigentlich nur die Besorgnis aus, nicht genügend Seeleute für dieses unerhörte Wagnis zu finden. Tatsächlich hatten sich aber für die Anwerbung der Seeleute einige Geschäftsmänner verwandt, die in ihren Heimatstädten als einflußreiche Persönlichkeiten galten und die ihr hohes Ansehen einsetzten, um die Seeleute der Gegend für die Fahrt nach Indien zu begeistern.

In Palos tat sich dabei insbesondere Martín Alonso Pinzón hervor, dessen Beziehung zu Kolumbus oft so gedeutet wird, wonach er der Arm und der Admiral das Haupt des Unternehmens gewesen seien. Pinzón verkörperte jenen Typus des aufstrebenden Bürgers, der sich in seinem Streben nach Reichtum und Status zu großen Risiken bereitfand. Nach einer späteren Aussage habe sich Pinzón solche Mühe gegeben, Mannschaften anzuwerben und den Leuten Mut zu machen, als ob ihm selbst oder seinen Kindern alles anheimfallen würde, was man zu entdecken hoffte.[38] Der Einfluß der Familie Pinzón schlug sich auch darin nieder, daß auf der Karavelle «Pinta» Martín Alonso als Kapitän über die Befehlsgewalt verfügte, während sein Bruder Vincente Yañez das Kommando auf der «Niña» innehatte; auf diesem kleinsten der drei Schiffe war jedoch Juan Niño, der Eigentümer des Schiffs, Wortführer, der einem einflußreichen Geschlecht in der nahe Palos gelegenen Stadt Moguer entstammte und sich, wie die übrigen Teilnehmer der Reise auch, in Indien reiche Beute erhoffte.

Alles in allem konnten für das gewinnversprechende Projekt des Genuesen neben einigen wagemutigen und draufgängerischen Privatleuten viele der erfahrensten Seemänner aus der heutigen Provinz Huelva gewonnen werden. Am Ende hatten somit untereinander eingeschworene Gruppen zusammengefunden, die ein gut vorbereitetes Unternehmen zu tragen bereit waren, durch das ihrem erstarkenden Nationalstaat das Fabelreich der Indischen Lande erschlossen werden sollte.

Als Flaggschiff der kleinen Flotte konnte die ursprünglich «Gallega» genannte und in «Santa María» umgetaufte Karavelle des galicischen Reeders Juan de la Cosa gechartert werden, ein bauchiges und damit recht schwerfälliges, aber seetüchtiges Vollschiff, das nicht viel größer als

Die Nachbildung der «Santa María» in Barcelona

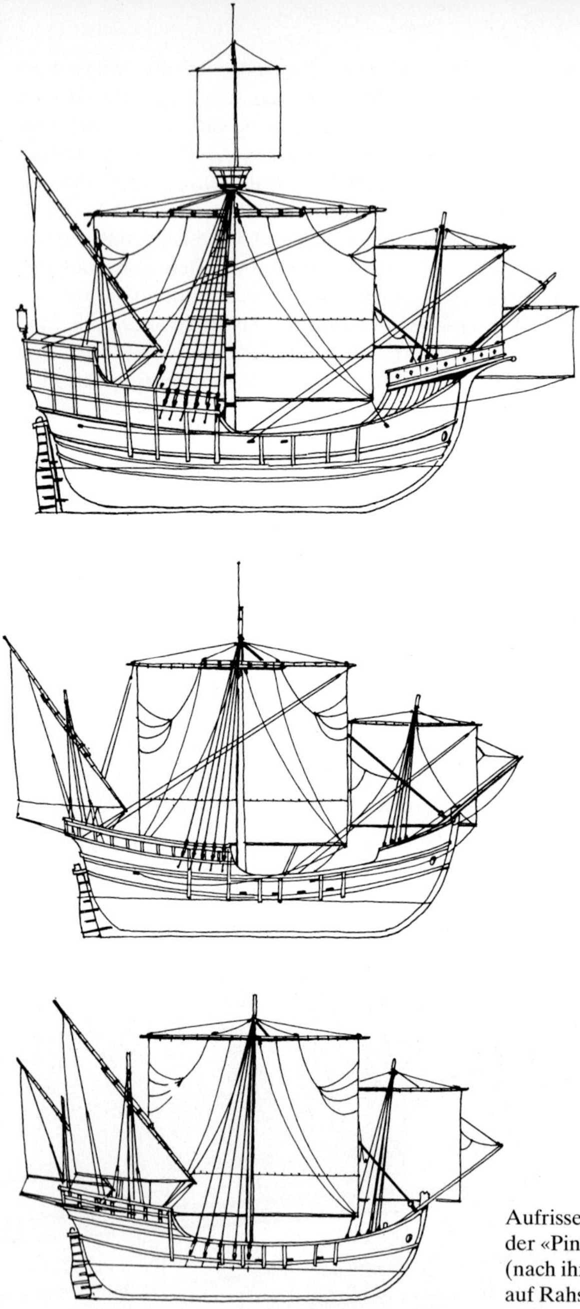

Aufrisse der «Santa María», der «Pinta» und der «Niña» (nach ihrer Umrüstung auf Rahsegel)

die beiden per Dekret requirierten Karavellen «Pinta» und «Niña» war. Der Generalkapitän Don Cristóbal Colón wählte die «Santa María» als Flaggschiff; es führte die kleine Flotte an, und damit wurde der Name des noch nicht einmal 25 Meter langen Schiffs unsterblich. Die Besatzungen der «Santa María», der «Pinta» und der «Niña» bestanden zum großen Teil aus erfahrenen Expeditionsteilnehmern, Bootsmännern und Matrosen, Schiffsärzten, Zimmerleuten und Kalfaterern. In Erwartung glänzender Entdeckungen waren aber auch ein Dolmetscher, ein Flottenschreiber und ein Schiffsprofos an Bord gegangen.

Die Ausrüstung der drei Schiffe und die Zusammenstellung ihrer etwa 90 Mann starken Besatzung nahm nicht viel mehr als zwei Monate in Anspruch. Trotz aller Schwierigkeiten bei der Vorbereitung des Unternehmens konnten sich die Besatzungen am 3. August 1492 im Hafen von Palos einschiffen. Die Gesamtkosten der Ausrüstung sollen sich auf etwa zwei Millionen Maravedis belaufen haben, was einem heutigen Betrag von nur einigen zehntausend Mark entspricht. Da die spanische Krone diese Kosten zum großen Teil auf andere abwälzen konnte, bedeutete das Projekt des Kolumbus für das Königshaus letztendlich keine erhebliche finanzielle Last. Die Anekdote, wonach Königin Isabella ihren Schmuck

Größenvergleich zwischen der «Niña» und dem 1930 gebauten Ozeandampfer «Britannic» (208 m lang, 25 m breit)

verpfändet habe, um die Kosten der Reise aufzubringen, gehört in das Reich der Legende. Das finanzielle Risiko der Reise war von der Krone klug berechnet worden; der geringe Einsatz sollte später durch Tausende von Tonnen Gold und Silber, die aus der Neuen Welt nach Europa gebracht wurden, ungeheueren Profit abwerfen.

Die Fahrt des Kolumbus über den in seiner ganzen Ausdehnung bis dahin unbekannten Atlantik und die Entdeckung Amerikas kann nicht geschildert werden, ohne zuvor auf ein Ereignis verwiesen zu haben, das nahezu zeitgleich mit der Abfahrt der kleinen Flotte aus Palos einherging: In einem königlichen Erlaß vom 31. März 1492 war die Ausweisung aller Juden aus Spanien verfügt worden. Vier Monate war allen Juden, die nicht zum Christentum konvertieren wollten, Zeit gegeben worden, das Land zu verlassen. Als Stichtag für den endgültigen Exodus dieser geistig und wirtschaftlich überaus regen Religionsgemeinschaft innerhalb der spanischen Gesellschaft war der 2. August 1492 festgelegt worden. (Von Kolumbus, der nach einer immer wieder auftauchenden These selbst ein konvertierter Jude gewesen sein soll, ist im übrigen keine Stellungnahme zu dieser Vertreibung überliefert, deren Augenzeuge er gewesen sein muß, da viele Juden Spanien per Schiff verließen, als seine Flotte ausgerüstet wurde. Die einbehaltenen Vermögen der Juden trugen indirekt zur finanzstarken Ausrüstung seiner zweiten Überfahrt bei.) So fand zugleich mit der wunderbaren Entdeckung einer neuen Welt die furchtbare Waffe der noch ganz dem mittelalterlichen Denken verhafteten Inquisition zum

Die Schiffe des Kolumbus. Kupferstich von Schleuen nach Daniel Chodowiecki im Tafelband zu Johann Bernhard Basedows berühmtem «Elementarwerk» von 1774

erstenmal konsequente Anwendung; die gewaltsame Vertreibung der Juden steht daher im Einklang mit der Schaffung des spanischen Nationalstaates. Der neue Staat wurde mit einer religiösen Einheit erkauft, über die in irrationalem Wahn die Inquisition wachte. Sie duldete keine Toleranz mehr gegenüber dem «Fremden». Und schon im Fall der Judenvertreibung spielten wirtschaftliche und religiöse Fakten zusammen, die später so verhängnisvoll für die Kolonisation Amerikas werden sollten: Gleichsam als Nebeneffekt fielen dem spanischen Staat die Vermögen der Juden zu, die ihrem Glauben treu blieben und aus dem Land gejagt wurden (der Einzug von Vermögen sollte später das Wesen der Inquisition immer stärker prägen), so wie nach der Entdeckung Amerikas die ökonomische Ausbeutung der Indianer ihre Rechtfertigung in deren religiöser Bekehrung finden sollte.

Nachdem die gesamte Mannschaft noch einmal an einer feierlichen Messe teilgenommen hatte, wurden am Morgen des 3. August 1492, noch vor Sonnenaufgang, die Anker gelichtet, und die kleine Flotte aus drei Schiffen segelte aus dem Hafen von Palos. Auf dem Río Tinto ging es langsam zum Río Odiel und zur Sandbank von Saltes, die dem seichten Mündungsgebiet der beiden Flüsse vorgelagert ist. Dieses Dünen- und Marschengebiet, das die kleinen Hafenstädte Palos und Huelva vom offenen Meer abschirmte, wurde am besten bei tiefem Wasserstand passiert, und die frühe Morgenstunde wurde gewählt, um mit ablaufender Flut den «Kanal des Heiligen Vaters» durch die Saltesbank leichter durchfahren zu kön-

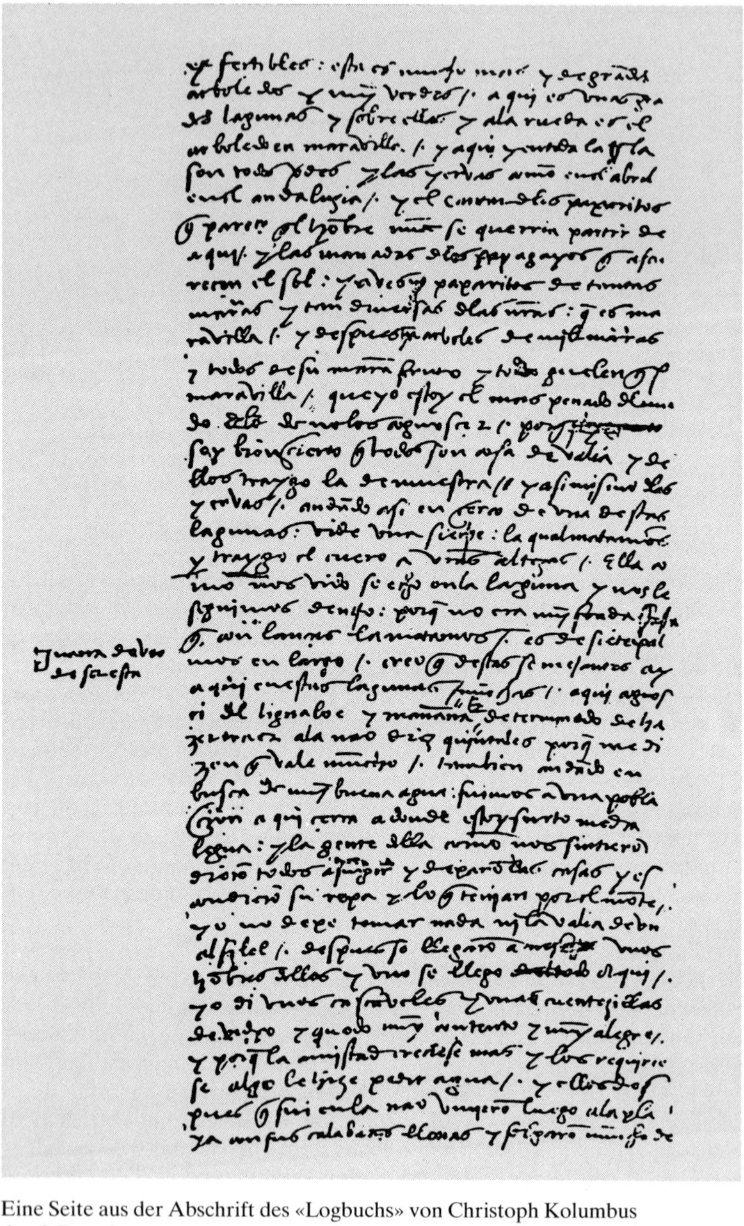

Eine Seite aus der Abschrift des «Logbuchs» von Christoph Kolumbus durch Bartolomé de Las Casas

nen. Symbolträchtig ging es noch einmal vorbei am Kloster La Rábida, an dessen Tor der Genuese nach seiner Flucht aus Portugal acht Jahre zuvor gestanden hatte.

An jenen Freitag begann Kolumbus eine Art Tagebuch zu schreiben, so wie es heutzutage auf jedem Schiff als «Logbuch» geführt wird. Nach etlichen weitschweifigen Erklärungen über den Fall Granadas, über die Länder Indiens und den dort herrschenden Großkhan finden sich in der Einleitung folgende Sätze: *Eure Majestät ordneten an, als katholische Christen und Fürsten, dem heiligen christlichen Glauben und seiner Verbreitung dienend und als Feinde der mohammedanischen Sekte und aller Götzendienste und Häresien, daß ich nach Osten aufbrechen sollte, jedoch nicht wie gewohnheitsmäßig auf dem Landwege. Sondern ich sollte auf dem westlichen Wege reisen, von dem wir bis auf den heutigen Tag nicht mit Sicherheit wissen, daß ihn schon irgend jemand befahren hätte.*[39] In diesem sogenannten *Bordbuch* verzeichnete Kolumbus vom Tag der Abfahrt bis zur Rückkehr nach Palos am 15. März 1493 alle Vorkommnisse der Reise, von den zurückgelegten Tagesstrecken über die Wetterverhältnisse bis zu Beschreibungen der Geographie und Botanik der neuentdeckten Gebiete und den Lebensgewohnheiten der Urbevölkerung des späteren «Westindiens».

Das dem spanischen Herrscherpaar Ferdinand und Isabella gewidmete *Bordbuch* wurde nach der Aushändigung durch Kolumbus wohl in einem der königlichen Archive verwahrt; irgendwann ist es dann verlorengegangen. Eine der Kopien, die vom *Bordbuch* angefertigt worden waren und von denen ebenfalls keine überliefert ist, erhielt Kolumbus; sie gelangte dann an Diego, seinen erstgeborenen Sohn, der sie nach Santo Domingo mitnahm. Dort geriet sie in die Hände des «Indianerapostels» Las Casas, der für seine «Historia de las Indias» den größeren Teil abschrieb und den kleineren in indirekter Rede zusammenfaßte. Ihm ist es also zu verdanken, daß der Inhalt dieses berühmten Schiffstagebuchs weitgehend überliefert ist. Für die Authentizität der Abschrift des Las Casas spricht auch ein Vergleich mit Textstellen aus den «Historie» des Fernando, der sich in der Biographie über seinen Vater ebenfalls auf dessen *Bordbuch* bezog und daraus zitierte. Die Atlantiküberquerung des Kolumbus und die «Entdeckung Amerikas» haben dieses *Bordbuch*, das in seiner nüchternen Diktion die Dramatik und Einmaligkeit der Ereignisse auch heute noch plastisch vor Augen führt, zu einem der faszinierendsten Berichte der Weltgeschichte werden lassen.

Ziel der drei Schiffe waren zunächst die Kanarischen Inseln; die vorgeschobene Inselgruppe im Atlantik bot die Möglichkeit, noch einmal frische Vorräte aufzunehmen und auf der Fahrt dorthin Geschwindigkeit und Seetüchtigkeit der Flotte zu erproben. Auf der Überfahrt kam es zu einem Zwischenfall: Das Steuerruder der «Pinta» sprang aus der Halterung. Kolumbus gibt in seinem *Bordbuch* zu erkennen, daß von Beginn an einige Teilnehmer die «Indien»-Fahrt nur äußerst widerwillig mitmachten, denn er beschuldigte zwei Seeleute, den schwerwiegenden Schaden mit Absicht herbeigeführt zu haben. An den Kanarischen Inseln angelangt, wurde die «Pinta», die außerdem leckte, vor Gran Canaria zurückgelassen, während die «Santa María» und die «Niña» nach Gomera weitersegelten, wo Kolumbus nach einem neuen Schiff Ausschau halten wollte. Da er in Gomera aber kein geeignetes Schiff fand, segelte er am 24. August zurück nach Gran Canaria, wo die «Pinta» schließlich in kurzer Zeit überholt wurde. Die «Niña» erhielt eine neue Takelung, so daß sie besser vor dem Wind segeln konnte. Ein zweites Mal wurde Gomera angelaufen, um die Schiffe nach dem vierwöchigen Zwangsaufenthalt auf den Kanarischen Inseln noch einmal neu zu verproviantieren. Am 6. September stach die kleine Flotte endlich in See und ging auf Westkurs, nachdem Kolumbus zuvor noch die Nachricht erhalten hatte, daß drei portugiesische Karavellen in der Nähe der Insel Hierro lägen, um seine Flotte zu beobachten und daran zu hindern, die afrikanische Küste anzusteuern. Diese Meldung, die sich jedoch letztlich nicht bestätigte, erfüllte ihn zwar mit Besorgnis, ließ ihn aber wohl auch mit Genugtuung den Satz niederschreiben, daß *König Johann verärgert sein muß, daß ich mich nach Kastilien begeben hatte*[40].

Wegen abflauenden Windes konnte zunächst kaum Fahrt gemacht werden, jedoch kam die Flotte am 9. September bei einsetzendem Passatwind *außer Sichtweite von Land, und viele Männer jammerten und weinten vor Angst, es für lange Zeit nicht wieder zu erblicken*. Kolumbus hielt sich nun nicht allein daran, sie zu trösten, indem er *ihnen große Güter und Reichtümer versprach*, sondern er verfiel darüber hinaus auf die Idee, jeweils eine geringere Tagesstrecke als die tatsächlich zurückgelegte zu verzeichnen. Auf diese Weise sollten die Männer *die Entfernung von Spanien nicht für so weit halten, als sie tatsächlich ist*[41]. Diese nahezu bedeutungslose Täuschung drückt nicht nur den Willen des Admirals aus, auf direktem Weg nach Indien zu gelangen und dafür eine äußerst weite Reise über den

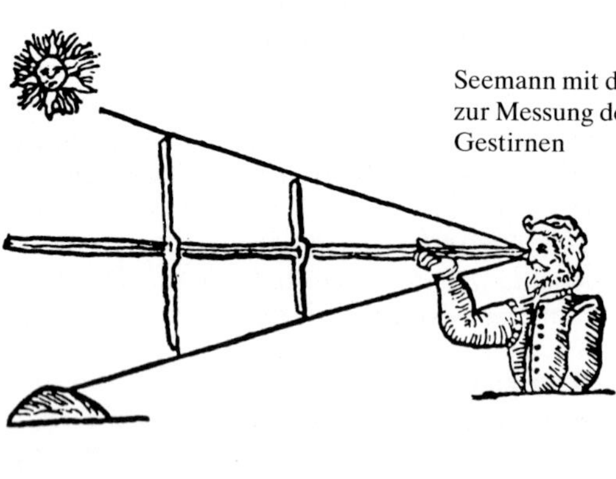

Seemann mit dem sogenannten Kreuzstab zur Messung der Höhe von Sonne oder Gestirnen

offenen Ozean zu wagen, sondern sie führt auch seine Befürchtung vor Augen, die Besatzungen seien der psychischen Belastung einer Fahrt ins Ungewisse nicht gewachsen.

Kolumbus wußte, welche Bewandtnis es mit dem Passatwind hat, der im Unterschied zu den in Europa und im Mittelmeerraum auftretenden Winden das ganze Jahr über kontinuierlich in Richtung Westen weht; und es gehört zu den nautischen Meisterleistungen des Admirals, den Atlantik auf eben jener geographischen Breite überquert zu haben, auf der die Schiffe vom Passat quasi über den Ozean geschoben werden. (Nichtsdestoweniger folgten die Schiffe auf ihrem Weg einem Kurs, der sie aus der Passatzone heraus in die Roßbreiten treiben sollte, die jedoch trotz einiger Flauten relativ rasch durchquert werden konnten.) Kolumbus muß auch geahnt haben, daß er für die Rückreise aus «Indien» die weiter nördlich wehenden Westwinde nutzen konnte, deren Wirkung er wohl auf seiner Fahrt nach England und Irland zu spüren bekommen hatte.

Während der nächsten zehn Tage trieb zunächst der beständig wehende Nordostpassat die Schiffe vor sich her, und bei gutem Wetter ging die Fahrt derart schnell voran, daß in dieser Zeit über 1000 Seemeilen zurückgelegt wurden. Die Stimmung an Bord muß ausgezeichnet gewesen sein, und Kolumbus notierte poetisch: *Das Wetter ist wie im April in Andalusien, die Lüfte sind mild und jeder Morgen ist ein Genuß. Eigentlich fehlt nichts als der Sang der Nachtigallen.*[42]

Am 13. und 17. September (und noch einmal am 30. September) bemerkte der Admiral eine Deklination des Kompasses, was *Besorgnis unter den Leuten aufkommen ließ*[43]. Diese Besorgnis erklärt sich aus der recht primitiven Methode, die zur Navigation auf offenem Meer benutzt wurde. Kolumbus wendete – seiner Zeit entsprechend – nahezu ausschließlich die sogenannte Besteck- oder Koppelrechnung an, um die durchfahrenen Strecken und die einzuschlagende Fahrtrichtung zu bestimmen. Die in einem bestimmten Zeitabschnitt zurückgelegte Strecke wurde auf einer Karte «abgesteckt», und dabei wurde mit Hilfe des Kompasses, auf den man sich meist sklavisch verließ, der Kurs bestimmt.

Vom 16. September an fuhren die drei Schiffe in das Sargassomeer hinein, wo man auf das Phänomen des Beerentangs (Sargassum) stieß, einer auf dem Meer schwimmenden Algenart, die auf einer riesigen Fläche den Atlantik bedeckt. Kolumbus meinte fälschlich, daß sich der Beerentang von Klippen losgerissen haben müsse, und obwohl bei einigen Männern die Angst aufkam, in den Algen steckenzubleiben, die das Meer zeitweise *wie eine feste Masse* erscheinen ließen[44], wuchs von jenem Zeitpunkt an die Erwartung, bald auf Land zu stoßen. Vom 19. September an segelte die Flotte aus der Passatzone heraus und geriet in eine Zone widriger oder abflauender Winde («Roßbreiten»), welche die Fahrt der Schiffe fast zwei Wochen lang hemmten. Der Generalkapitän wurde gedrängt, seinen Kurs nach Norden zu ändern, um die dort vermuteten Inseln anzulau-

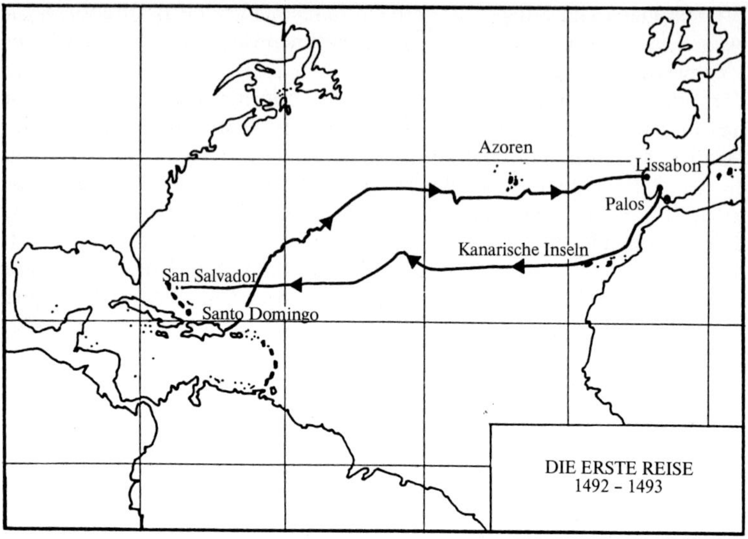

Azoren
Lissabon
Palos
Kanarische Inseln
San Salvador
Santo Domingo
DIE ERSTE REISE
1492 - 1493

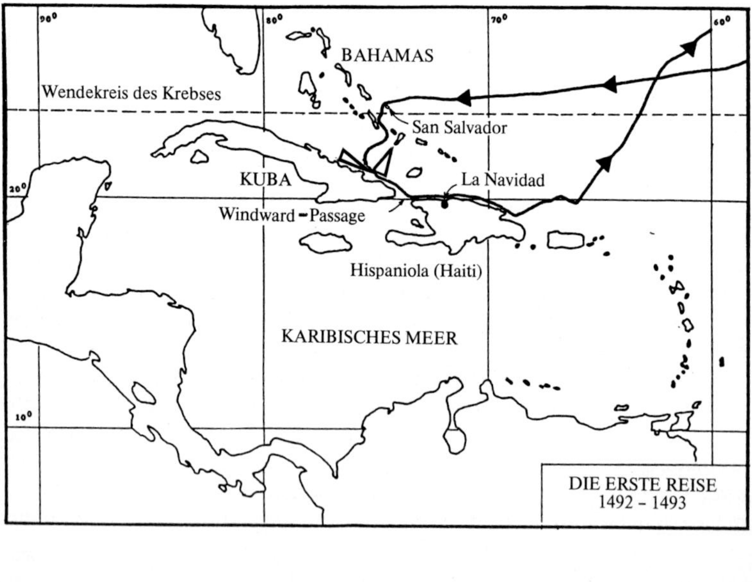

90°
80°
70°
60°
BAHAMAS
Wendekreis des Krebses
San Salvador
KUBA
La Navidad
20°
Windward-Passage
Hispaniola (Haiti)
KARIBISCHES MEER
10°
DIE ERSTE REISE
1492 - 1493

fen, jedoch ließ er sich von seinem Vorhaben nicht abbringen, ohne Aufenthalt nach Indien zu gelangen; allenfalls wurde der Kurs einige Tage lang um wenige Grade in nördliche Richtung korrigiert. Seit über zwei Wochen befand man sich bereits auf See, und die Mannschaft begann lautstark zu murren. Am 23. September berichtete Kolumbus von der Befürchtung der Männer, nicht mehr nach Spanien zurückzugelangen, da der Wind, wenn überhaupt, nur unbeständig aus Westen wehte. In einer für ihn typischen Weise suchte er dafür rationale Erklärungen zu geben, ging aber auch zugleich von einem direkten Eingreifen Gottes aus, als sich bei Windstille an jenem Tag das Meer erhob. In seinen Worten kommen dabei auch bereits Hinweise seiner Überzeugung zum Ausdruck, eine Mission zu vollbringen: *Ich sah dies als ein Zeichen Gottes, und es bedeutete mir eine große Hilfe. Ein solches Zeichen ist nicht wieder geschehen, seit Moses die Juden aus Ägypten führte.*[45] Die Stimmung an Bord hatte allerdings einen Tiefpunkt erreicht, und einen Tag später gab der Admiral seinen Sorgen Ausdruck, die sich auf Intrigen und Gerüchte unter den Männern gründeten, von denen ihm berichtet wurde: *Mit der Mannschaft hatte ich ernsthafte Schwierigkeiten, trotz der Zeichen, die auf Land hindeuten, und jener, die uns der allmächtige Gott zukommen läßt ... Sie sagen, für ihren Teil sei es eine Tollheit und selbstmörderisch, sein Leben zu riskieren, nur um einem verrückten Ausländer zu folgen ... Manche meinen, sie seien bereits derart weit vorgedrungen, wohin zu segeln die Menschen nie hätten wagen dürfen ... Einige getreue Freunde (und es sind wenige an der Zahl) haben mir erzählt, manche hielten es für das Beste, mich eines Nachts ins Meer zu werfen, falls ich dabeibliebe weiterzusegeln. Sie würden später erklären, ich sei über Bord gefallen.*[46] Wie zu Beginn jedoch folgten die Besatzungen seinen Befehlen, was wohl im wesentlichen an dem unerschütterlichen Glauben des Admirals an den Erfolg seines Unternehmens lag. Denn es lassen sich an keiner Stelle im *Bordbuch* Hinweise darauf finden, daß Kolumbus an der Richtigkeit seiner Theorie und damit am glücklichen Ausgang der Reise zweifelte. Außerdem konnte die Hoffnung der Mannschaft leicht wieder auf das «Morgen» gerichtet werden, da ja stets die Möglichkeit bestand, daß man an einem der kommenden Tage Land sichtete. So wurden während der ganzen Fahrt gewisse Erscheinungen in der Natur als Zeichen nahen Landes gewertet, wie das Phänomen des Beerentangs oder die Entdeckung eines Krebses in den Algenmassen, das Sichten eines Wals und das Auftauchen bestimmter Vögel.

Am 25. September meinte man schließlich zum erstenmal, Land gesehen zu haben. Der Kapitän der «Pinta», Martín Alonso Pinzón, behauptete mit solcher Gewißheit, in der Ferne Land ausmachen zu können, daß am Ende jeder davon überzeugt war und der Kurs entsprechend geändert wurde. Am nächsten Morgen aber stellte sich heraus, *daß das, was wir am letzten Abend alle für Land gehalten hatten, nichts weiter als kleine Wolken waren, welche des öfteren Land vorspiegeln*[47], woraufhin der Admiral sofort wieder Kurs nach Westen nehmen ließ. In den nächsten Tagen legte die Flotte nur wenige Seemeilen zurück, und bei weiterhin völlig ruhiger See wurde von Kolumbus nichts Außergewöhnliches vermerkt, außer, daß wieder einmal die Deklination des Kompasses beobachtet wurde, was er mit den lakonischen Worten notierte: *Dieses Phänomen verstehen meine Seeleute aus irgendeinem Grunde nicht, und es verwirrt sie und bringt sie auf. Sie lassen sich von Abweichungen dieser Art leicht ängstigen, besonders auf einer Reise solcher Dauer, die in fremde Gebiete führt. Meine Erklärungen konnten ihnen nur zum Teil ihre Sorgen zerstreuen.*[48]

Noch waren die Schiffe nahezu 1000 Seemeilen vom nächstgelegenen Land entfernt, jedoch war Anfang Oktober ein kräftiger Wind aufgekommen, der in der gesamten ersten Oktoberwoche die Flotte in schneller Fahrt vorantrieb. In jenen Tagen war man an Bord allgemein davon überzeugt, zwischen den Ostasien vorgelagerten Inseln hindurchzufahren, die Marco Polo beschrieben hatte. Den murrenden Männern gab Kolumbus weiterhin Befehl, westlichen Kurs zu halten, da jene Inseln auf der Rückreise aufgesucht werden könnten. Die Erwartungen der Mannschaften müssen derart gespannt gewesen sein, daß einige Male fälschlich Land gemeldet und der für diesen Fall verabredete Kanonenschuß ausgelöst wurde. Nachdem am 6. Oktober Martín Alonso Pinzón zu einer Kurskorrektur nach Süden geraten hatte und die Mannschaften am 7. Oktober wieder einmal dem Trugbild nahen Landes aufgesessen waren, gab Kolumbus schließlich dem Drängen der Männer nach und ließ einen Kurs in Richtung Westsüdwest einschlagen; diese entscheidende Kurskorrektur verhinderte möglicherweise, daß Kolumbus Nordamerika erreichte.

Die Gereiztheit an Bord der Schiffe muß in jenen Tagen außerordentlich groß gewesen sein. Schon vier Wochen lang befand man sich auf offenem Meer, und obwohl sich in greifbarer Nähe Land zu befinden schien – worauf besonders das Auftauchen von Landvögeln und Schwärme von Zugvögeln hindeuteten –, hatte die Enttäuschung unter den Besatzungen der drei Schiffe nach jeder weiteren Fehlmeldung zugenommen. Am 10. Oktober findet sich dann im *Bordbuch* die Eintragung, wonach sich die Männer über die lange Reise beschwerten, die sie nicht mehr ertragen könnten. Der Admiral entgegnete ihnen darauf, wie unnütz es sei, sich zu beschweren, da er aufgebrochen sei, nach Indien zu gelangen, und daher die Reise bis zur Ausführung seines Auftrags fortsetzen werde. Kolumbus' Sohn Fernando hat zu diesem Vorgang die später oft und gern übernommene Interpretation geliefert, es wäre zu einer Meuterei mit dem Ziel gekommen, die Schiffe wenden zu lassen, um die Rückreise nach Spanien anzutreten. Dies gehört jedoch mit Sicherheit in den großen Bereich der Legenden um den «Entdecker Amerikas», der in seinem *Bordbuch* seelenruhig noch zwei Tage zuvor die verzückten Worte niedergeschrieben hatte: *Das Meer ist so ruhig wie der Fluß Sevillas, Gott sei gedankt. Die Luft ist so mild wie in Sevilla im April, und sie ist so wohlriechend, daß es eine Freude ist, sie zu atmen.*[49] Angesichts der offensichtlichen Anzeichen für die Nähe von Land hätte sich zu jenem Zeitpunkt niemand ernsthaft darauf eingelassen, die Rückreise anzutreten, die ja wiederum einige Wochen gedauert hätte. Überdies hätte in jenen Tagen gegen einen verstärkt wehenden Passatwind angekreuzt werden müssen, da Kolumbus sicherlich das Wissen (oder die Ahnung) um die Route für die geplante Rückreise in den vom Westwind begünstigten nördlicheren Breiten für sich behalten hatte.

Schon am nächsten Tag war jedoch alle Trübsal verflogen, denn es wurden unter anderem im Wasser treibende Holzstücke aufgefischt, die von Menschenhand bearbeitet zu sein schienen. Daraufhin fuhren die Schiffe selbst in der Nacht unter vollen Segeln, wobei die Mannschaften noch zusätzlich durch die Aussicht angespornt wurden, daß dem ersten, der Land sichtete, vom Königspaar eine jährliche Rente von 10 000 Maravedis versprochen war und vom Generalkapitän obendrein ein seidenes Wams. Am 12. Oktober 1492 wurde um zwei Uhr morgens auf der voraussegelnden «Pinta» der vereinbarte Kanonenschuß abgefeuert, da ein gewisser Rodrigo de Triana im fahlen Mondschein Land gesichtet hatte; die drei Schiffe strichen daraufhin die Segel und legten bis zum Morgengrauen bei.

Die Vorgänge in jener Nacht beschrieb Kolumbus im *Bordbuch* allerdings so, daß er selbst derjenige gewesen sei, der zuerst Land gesichtet habe, weil er bereits vier Stunden zuvor in der Ferne ein Licht erkannt habe. Dies war jedoch schlichtweg unmöglich, da die Schiffe zu jener Zeit noch etwa 30 bis 35 Seemeilen vom Land entfernt waren; außerdem hatte Kolumbus seine eigene Abmachung nicht eingehalten, nämlich einen Kanonenschuß abgeben zu lassen. Der Admiral offenbarte in diesem Fall ein so kleinliches und egozentrisches Verhalten, daß er jenem Matrosen die versprochenen 10 000 Maravedis Belohnung aberkannte und für sich selbst in Anspruch nahm (er gestand sie später seiner Geliebten Beatriz de Harana zu). Die Sorge um seinen Erfolg und um sein Prestige als Befehlshaber der Flotte trieb ihn wohl dazu, sein Projekt einer Fahrt nach Westen über den Atlantik mit dem Ruhm zu krönen, als erster Land gesichtet zu haben. Wie sehr dadurch böses Blut geschaffen wurde, zeigt die Legende, nach der sich jener Rodrigo de Triana aus Gram entweder erhängt oder später auf seiten der Mauren gegen die Christen gekämpft habe.

Die Begegnung mit einer «Neuen Welt»

Zur ersten Handlung des Kolumbus in der «Neuen Welt» zählte am Morgen des 12. Oktober 1492 eine für das heutige Verständnis grotesk anmutende Zeremonie, die der nunmehrige Vizekönig der Indischen Lande in aller Förmlichkeit durchführen ließ und die in dieser oder ähnlicher Form zu jeder europäischen Entdeckungsfahrt gehörte: In Festkleidung begab sich der Admiral ans Ufer, wo er das königliche Banner entfalten ließ und unter mehreren Zeugen das Land für die spanische Krone offiziell in Besitz nahm.

In der Frage, wo Kolumbus am 12. Oktober 1492 Land betrat, war sich die Forschung jahrzehntelang mehr oder weniger einig. Es sollte sich bei jenem Eiland, das von seinen ursprünglichen Bewohnern «Guanahaní» genannt wurde und das sein europäischer Entdecker «San Salvador» taufte, um eine später nach einem englischen Piraten «Watling Island» bezeichnete Insel handeln, die sich seit dem Jahr 1926 tatsächlich mit dem Namen «San Salvador» schmückt. Nach einer gründlichen Untersuchung aus dem Jahr 1986 handelte es sich bei jenem Guanahaní allerdings mit größter Wahrscheinlichkeit um eine heute «Samana Cay» genannte Insel, die ebenfalls zu den Bahamas zählt und etwa 100 Kilometer südlich von Watling Island liegt.[50]

Die Spanier trafen auf eine Welt, die den Urzustand des Menschengeschlechts zu verkörpern schien. *Kaum hatten wir die Förmlichkeiten der Besitznahme der Insel abgeschlossen, kamen auch schon die ersten Einwohner zum Strand, die alle so nackt waren, wie ihre Mütter sie geboren hatten.*[51] Das von Kolumbus zuerst entdeckte Land war zu jener Zeit von Indianern besiedelt, die der Kultur der Taino angehörten und sprachlich zur Gruppe der sogenannten Aruak zählten. Die Bewohner der zersplitterten Inselwelt Westindiens lebten in einfachen gesellschaftlichen Organisationsformen und besaßen eine nur wenig entwickelte materielle Kultur. Sie gliederten sich in festgefügte soziale Verbände, die unter der Herrschaft eines Stammesführers (Kaziken) gemeinschaftlich den allen gehörenden Grund und Boden bewirtschafteten. Neben dem Ackerbau wurden das Töpfern und das Spinnen von Baumwolle betrieben; der Gebrauch von Metall war bei den Aruak noch unbekannt. Nach der Be-

Die Indianer fliehen vor Kolumbus. Holzschnitt in: Giuliano Dati: Isole trovate nuovamente per il Re di Spagna, Florenz 1495

schreibung des Kolumbus *brachten sie uns Papageien, Knäuel gesponnener Baumwolle, Speere und viele andere Dinge, einschließlich einer Art trockenen Krauts* (= Tabak)[52], womit er die von den Indianern am höchsten geschätzten Besitztümer nannte.

Obwohl jene einfachen Menschen die Vorstellung eines in Europa vorgeblich längst vergangenen Goldenen Zeitalters beschworen, wurden sie von Kolumbus nichtsdestoweniger von Beginn an als mögliche Untertanen betrachtet. Dabei erhielt der Gedanke an die Unterwerfung der eingeborenen Bevölkerung weitere Nahrung durch den Empfang, den sie den Spaniern in der neu entdeckten Welt bereiteten und den Kolumbus im *Bordbuch* beredt vor Augen führte: *Ich segelte die Insel entlang in Richtung Nordnordost, um die andere Seite des Ostens und die Dörfer zu besuchen; bald sichtete ich zwei oder drei, und deren Bewohner liefen zum Strand, schrien und dankten Gott ... Ich denke, sie bedeuteten uns*

Die erste Landung des Kolumbus in der Neuen Welt. Kupferstich von Theodor de Bry in H. Benzoni: Americae Retectio, Frankfurt a. M. 1596

durch ihre Zeichen, ob wir vom Himmel kämen. Ein alter Mann kletterte sogar in das Boot, das wir im Schlepptau hatten, und andere riefen mit lauter Stimme jedem auf dem Strand zu: «Seht euch die vom Himmel herniedergestiegenen Männer an! Bringt ihnen zu essen und zu trinken!» Viele Männer und Frauen kamen herbei, die jeder etwas mit sich trugen. Sie warfen sich auf den Sand und erhoben die Hände gen Himmel, wobei sie, Gott Dank sagend, zu uns herüberflehten, wir mögen an Land kommen.[53]

Wenn auch der Admiral anordnete, die Indianer mit unbedingter Freundlichkeit zu behandeln, so geschah dies in der Hauptsache aus dem Kalkül heraus, sich die potentielle Arbeitskraft der Bevölkerung zu sichern, ohne sogleich Mittel der Gewalt anwenden zu müssen. Denn für Kolumbus bestand kein Zweifel daran, daß jene *freundlichen und wohlgesinnten Menschen* zu Handlangern der spanischen Kolonialherren bestimmt waren, womit ihre spätere gewalttätige Unterwerfung bereits vorgedacht wurde. So finden sich schon für die ersten drei Tage nach der Ankunft im *Bordbuch* folgende Sätze: *Ich möchte, daß die Eingeborenen ein freundliches Verhältnis zu uns bekommen, da es sich um einen Stamm*

handelt, der eher durch Liebe als durch Gewalt zu unserem heiligen Glauben errettet und bekehrt werden kann ... Sie dürften wohl gute und geschickte Diener sein, da sie alles, was wir ihnen vorsprechen, sehr schnell wiederholen ... Diese Leute sind im Gebrauch von Waffen gänzlich ungeschickt. Eure Majestät werden dies selbst erleben, wenn ich Ihnen die sieben übergebe, die ich ergriffen und mit mir genommen habe. Nach dem Erlernen unserer Sprache werde ich sie zurückbringen; es sei denn, Eure Majestät befehlen, die ganze Bevölkerung nach Kastilien zu verschaffen oder hier gefangen zu halten. Mit fünfzig Mann könnten sie alle unterworfen und dazu gebracht werden, alles zu tun, was man von ihnen verlangt.[54]
Kolumbus kam es überhaupt nicht in den Sinn, die ansässige Bevölkerung anders denn als Untertanen des königlichen Herrscherhauses zu betrachten. Folglich ließ er sogleich sieben Indianer festsetzen, die in Kastilien die spanische Sprache erlernen sollten. Diese Handlung entsprang wiederum ganz und gar der Überlegung, die Indianer später für die eigenen Zwecke gebrauchen zu können, und sie bedeutete den ersten folgenschweren Einschnitt im Verhältnis der Inselbewohner zu den Spaniern. Kolumbus erlebte mithin in den folgenden Wochen, daß die Bewohner der küstennahen Dörfer beim Eintreffen der Segelschiffe oft bereits die Flucht ergriffen hatten.

Das wichtigste Ziel des Don Cristobál Colón bestand allerdings darin, die von Marco Polo beschriebenen Schätze Chinas zu finden, die seinem Rang als Vizekönig «Indiens» erst das nötige Gewicht verleihen würden.

Das Kreuz und die Fahne Spaniens: Die Zeichen der Eroberung. Holzstich nach einem Gemälde von D. Puebla, um 1870

Titel des ersten deutschen Flugblatts über die Entdeckung der Neuen Welt. Straßburg 1493

Und folglich wurde der weitere Verlauf der Reise und der Umgang mit den Indianern in entscheidender Weise von der Suche nach Gold bestimmt. Tatsächlich gab es auf den Westindischen Inseln Goldvorkommen, was sich für die dort lebende Bevölkerung wenig später als fatal herausstellen sollte. Das auf den Inseln nur in geringen Mengen gefundene Gold wurde von den Indianern zu Schmuck oder sakralen Gegenständen verarbeitet. Nur durch diese künstlerische Verarbeitung kam ihm eine Bedeutung zu, da es an sich als wertlos erachtet wurde; bereitwillig wurde es gegen den von den Spaniern mitgeführten Tand wie Glasperlen und kleine Bronzeglöckchen eingetauscht.

Nachdem die Spanier zwei Tage lang die Insel Guanahaní (San Salvador) erkundet hatten, traten sie die Weiterreise an, geleitet von völlig irrealen Vorstellungen. In der Annahme, auf den Archipel von Eilanden gestoßen zu sein, der nach Marco Polo weit verstreut bei der Insel Cipangu (Japan) lag, nahmen die Schiffe Kurs in südliche Richtung und manövrierten zwischen den vielen Klippen und Untiefen der Bahamas-Inseln hindurch. Auf der Suche nach weiterem Land wurden innerhalb von zwei Wochen etliche Inseln angesteuert, die stets mit einem spanischen Namen versehen («Santa María de la Concepción», «Fernandina», «Isabela») und für die Krone in Besitz genommen wurden. (*Ich will eigentlich an keiner Insel vorbeifahren, ohne sie auch in Besitz zu nehmen, obwohl, hat man erst eine in Besitz genommen, kann man auf all die anderen ebenfalls Anspruch erheben.*[55]) In seinem *Bordbuch* hat der schreibfreudige Admiral dabei eine Schilderung der Neuen Welt hinterlassen, die ihn auf der einen Seite als exakten Beobachter ausweist, der dem spanischen Königspaar die Eigentümlichkeiten «Indiens» näherzubringen suchte. Auf der anderen Seite konnte Kolumbus die indianische Welt vor dem Hintergrund seiner sozial und kulturell geprägten Sichtweise nicht anders als «gefiltert» erfassen; in oft lyrischen Tönen beschwor er eine paradiesische Landschaft, die er in stereotyper Weise mit stets denselben Attributen belegte: *Wenn schon die anderen Inseln sehr grün und schön und fruchtbar sind, so kann man dies von dieser Insel mit ihren großen und grünen Wäldern erst recht behaupten. Es gibt manch große Seen, welche ringsumher umgeben sind von den lieblichsten Hainen. Die Wälder und die gesamte übrige Fauna sind so grün wie im April in Andalusien, und der Sang der kleinen Vögel möchte wohl in einem den Wunsch aufkommen lassen, für ewig hierzubleiben.*[56]

Trotzdem überzeugt sein *Bordbuch* durch große Authentizität; die oftmals protokollarische Niederschrift des Erlebten stellt auch heute noch eine ergiebige Quelle dar, um Näheres über die Kultur der karibischen Indianer und die Beschaffenheit ihres Lebensraumes zu erfahren. So erwähnte Kolumbus gleich in den ersten Tagen die Hängematten der Indianer – *ein Bett wie ein Netz aus Baumwolle*[57] –, beschrieb später deren Sitte, Tabak zu rauchen – *Männer und Frauen, welche ein verkohltes und ausgehöhltes Stück Holz in den Händen hielten, und dazu Kräuter, um diese darin zu verrauchen, was ein Brauch bei ihnen ist*[58] –, oder schilderte den Fang einer Iguana, jener amerikanischen Leguan-Art, *welche die Bewohner hier essen, und das Fleisch ist weiß und schmeckt wie Huhn*[59]. In langen Passagen führte er dabei immer wieder die Lebenswelt der Indianer plastisch vor Augen: *Diese Häuser sind wie sehr große Pavillons gebaut und haben das Aussehen von königlichen Zelten in einem Feldlager, ohne daß Wege angelegt wären. Sie stehen bald hier, bald dort, sind im Inneren sehr wohl gefegt und sauber, und die Einrichtung ist in einem guten Zustand. Alle Häuser wurden mit Hilfe schöner Palmzweige errichtet. Wir fanden viele Plastiken, die Frauen darstellten, und viele Gesichtsmasken; alle waren vorzüglich gearbeitet. Ich weiß nicht, ob die Bewohner diese wegen ihrer Schönheit um sich haben, oder ob sie ihnen als Götzenbildern huldigen. Wir sahen Hunde, die nicht bellen, und in den Häusern kleine*

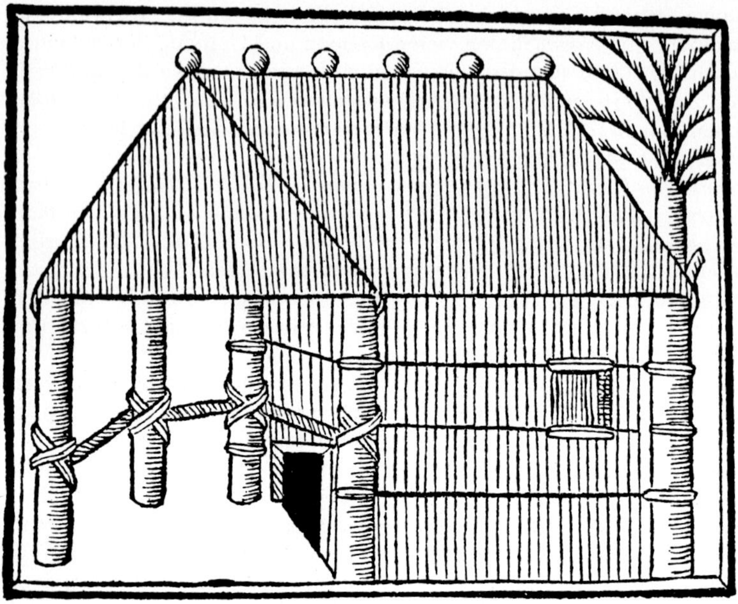

Darstellung einer Indianerhütte. Holzschnitt in: Gonzalo de Oviedo y Valdés: Historia general de las Indias, Salamanca 1547

wilde Vögel, welche sie gezähmt haben. Sie besitzen eine wundervolle Auswahl an Netzen, Angelhaken und anderen Geräten zum Fischfang.[60]

Kolumbus' Weltbild war allerdings in einer solchen Weise von seinem vorgefertigten Bild von «Indien» bestimmt, daß er sein Leben lang darin gefangenbleiben sollte, obwohl vom ersten Tag an die empirische Erfahrung in völligem Widerspruch zu jener Prachtwelt im Osten Asiens stand, wie sie von Marco Polo beschrieben worden ist. Als die Flotte am 28. Oktober 1492 in der Bahía de Mares auf ein von den Indianern «Cuba» genanntes Land traf, dessen Bewohner im wesentlichen auf einer nicht viel entwickelteren Kulturstufe standen als die der nördlich gelegenen Eilande, deutete der Admiral jedoch deren Aussagen dahingehend, *daß mächtige Schiffe des Großen Khans hier anlangten und daß eine Reise von hier zum Festland zehn Tage in Anspruch nehme*[61]. Nachdem er einige Tage später erkannt hatte, daß es sich bei jenem Cuba (von Kolumbus «Juana» genannt) nicht um das von ihm gesuchte Cipangu handeln konnte, gelangte er statt dessen zu der Überzeugung, *daß dies das Festland ist und daß ich mich ungefähr 300 Meilen vor Zayto und Quinsay* (zwei von Marco Polo erwähnten Städten) *befinde*[62]. Daraufhin sandte er am nächsten Tag zwei Kundschafter auf die Suche nach dem Großen Khan aus. In einem Gebiet, dessen Bewohner er als *sehr demütig und schüchtern*, als *nackt, ohne Waffen und ohne Herrschaft*[63] beschrieb, erwartete er also gleichwohl, in nicht großer Entfernung kostbar gekleidete Menschen anzutreffen, die auf edlen Pferden über marmorne Brücken vorbei an goldgedeckten Häusern ritten.

Zuerst war die Flotte konsequent nach Westen in Richtung auf den vermeintlichen asiatischen Kontinent gesegelt; nun entschloß sich der Admiral jedoch, die Fahrt in entgegengesetzter Richtung, nach Osten, fortzusetzen. Denn die beiden zurückgekehrten Kundschafter konnten zwar von keiner Stadt oder irgendwelchen Reichtümern berichten, aber die Indianer hatten immer wieder nach Osten gewiesen, wo es *Gold, Perlen und Gewürze im Überfluß gebe*[64] und wo die Bewohner *das Gold in der Nacht mit Kerzenlicht im Sand aufläsen und dieses daraufhin zu Barren hämmerten*[65]. Auf bestimmte Mythen der Indianer wurden also Wunschvorstellungen aus der europäischen Legendenwelt und den Berichten Marco Polos aufgesetzt. Im übrigen sagten die Indianer (Kolumbus hatte noch einmal fünfzehn Männer, Frauen und Kinder gefangennehmen lassen) oft einfach das, was die Spanier zu hören wünschten. Deutlich geht dies aus folgendem Satz hervor: *Sie meinen, ich ließe sie in ihr Land zurückkehren, wenn ich erst Gold gefunden habe.*[66] Der Genuese nahm jedenfalls wieder einmal eine Korrektur nicht an seinem eigenen Weltbild vor, sondern an der Wirklichkeit, so daß Cipangu nunmehr nach Osten verlegt wurde, und in diese Richtung segelten die drei Schiffe von Mitte November an.

Der gesamte weitere Verlauf der ersten Amerika-Fahrt war durch die Suche nach Gold bestimmt, das Kolumbus zuerst noch auf einer der von den Indianern «Bohío» oder «Babeque» (Hispaniola und Great Inagua) genannten Inseln zu finden hoffte. Schließlich wurde die Bezeichnung «Babeque» für ihn zu einem Synonym für ein fabelhaft reiches Goldland, das den Anspruch auf einen Herrschertitel als Vizekönig und Statthalter entscheidend und endgültig legitimieren sollte. Die verzweifelt gesuchten Goldvorkommen wurden zur «idée fixe», wie einige Passagen aus dem *Bordbuch* deutlich machen: *Es schien mir, daß es hier sicherlich Gold geben müsse ... fand einer der Schiffsjungen bestimmte Steine, die Gold zu enthalten scheinen; ich sah, daß sie kein Gold und andere wertvolle Dinge besaßen und wir sie deswegen nicht weiter zu behelligen brauchten; ich hoffe bei Gott, daß ich vor meiner Rückkehr nach Spanien guten Handel um Gold abschließen kann; in der Nase trug sie ein kleines Stückchen Gold, was ein Zeichen ist, daß es auf dieser Insel Gold geben muß ... und erklärte ihm, wie wir vom Himmel gekommen seien und Gold suchten; ich glaube, daß ich mich nahe am Vorkommen dieses Goldes befinde ... daß sich in der Nähe viele Inseln befinden sollen, auf denen es sehr viel Gold gebe; sie sagten, es gebe hier so viel Gold, wie wir uns wünschten*[67] usw.

Lange Zeit fand die alle Überlegungen und Handlungen beherrschende Suche nach Gold weiteren Antrieb durch einen Zwischenfall, zu dem es am 21. November 1492 kam: Auf der Suche nach der Insel Babeque waren die drei Schiffe auf das offene Meer gesteuert. Nachdem sie über 50 Seemeilen zurückgelegt hatten, ließ der Admiral wenden und Kurs zurück nach Kuba nehmen, da der Wind gedreht hatte und man die gesuchte Goldinsel nicht finden konnte. An jenem Tag entzog sich dann der Kapitän der «Pinta», Martín Alonso Pinzón, dem Befehl des Kolumbus und ließ sich auf das unerhörte Wagnis ein, Babeque auf eigene Faust zu suchen (wobei er tatsächlich kurz darauf die Insel Great Inagua entdeckte). Der Grund für das Verhalten Pinzóns lag wohl darin, daß der Kapitän der «Pinta» als einflußreicher Geschäftsmann selbständig zu handeln gewohnt war und endlich den erhofften Gewinn aus dem Unternehmen ziehen wollte. Auch wollte er sich vermutlich nicht länger dem herrischen Verhalten des Admirals unterordnen, der die neuentdeckten Länder als sein persönliches Lehen betrachtete. Von jenem Tag an war die Weiterreise der beiden verbliebenen Schiffe «Santa María» und «Niña» zusätzlich von dem psychologischen Moment bestimmt, ob Kolumbus oder Pinzón zuerst «Babeque» fänden und, sollten sich die Schiffe in der Neuen Welt nicht wieder begegnen, ob Kolumbus oder Pinzón zuerst in Spanien einträfen, um am königlichen Hof von der erfolgreichen Atlantiküberquerung und der wunderbaren «Entdeckung Indiens» zu berichten.

Kolumbus steuerte in östlicher Richtung die Küste Kubas entlang und suchte systematisch sein künftiges Herrschaftsgebiet zu erkunden und in Besitz zu nehmen. *Dennoch verweile ich in keinem Hafen, da ich so viele Länder wie möglich aufsuchen will, auf daß ich Eurer Majestät darüber Bericht erstatte.*[68] Er begann, konkrete Pläne für die Kolonialisierung zu entwickeln. Zuerst wollte er eine befestigte Ansiedlung errichten (ein Vorhaben, das er wenig später gezwungenermaßen in die Tat umsetzen mußte), um daraufhin die Indianer zu bekehren und zu Untertanen der spanischen Krone zu machen. Auf seiner Fahrt hörte Kolumbus auch immer öfter von den «Kariben» oder «Kaniben» sprechen. Dieses kannibalischen Riten anhängende Indianervolk stieß von den heutigen Inseln über dem Winde bis nach Kuba vor, um auf die friedfertigen Aruak Jagd zu machen. Kolumbus suchte zunächst noch lange Zeit die ihm vorgetragenen Schauergeschichten in seinem Sinne zu interpretieren, daß nämlich *die ihnen Angst einflößenden Indianer Bewohner des Reiches des Großen Khans sind*[69]. Er schenkte den Berichten wohl auch deswegen keinen rechten Glauben, da ihm von Menschen mit nur einem Auge und Hundegesichtern erzählt wurde. (Gleichwohl müssen auch diese Aussagen der Indianer als Reflex auf Vorstellungen der Spanier gesehen werden, die sich von Marco Polo herleiteten.) Anfang Dezember hatten die «Santa María» und die «Niña» die Ostspitze Kubas erreicht, und am 5. Dezember trat der Admiral die Fahrt über die Windward-Passage an. Da ein widriger Wind ihn nicht die Insel Great Inagua ansteuern ließ, ging er auf direkten Kurs zu jener zweiten Insel «Bohío», von der ihm die Indianer erzählt hatten. In der Überzeugung, den Anfang und zugleich das Ende des asiatischen Festlandes zu verlassen, nannte er das Kap an der Ostspitze Kubas «Alpha und Omega».

Nach der mühseligen Querung der Meerenge stieß Kolumbus wiederum auf eine überaus grüne Insel, die er auf den Namen «La Isla Española» (Hispaniola) taufte, da er sich angesichts anmutiger Ebenen an die

Angeblich eigenhändige Kartenskizze des Kolumbus mit der Nordküste Hispaniolas (Haiti)

Landschaft Kastiliens erinnert fühlte. Er traf jedoch zu seiner Enttäuschung nicht auf das ersehnte Cipangu, sondern von neuem auf die Indianerkultur der Taino, so daß er seine Wunschträume abermals korrigierte und noch weiter in Richtung Osten übertrug: Die mitgeführten Indianer *geben zu verstehen, daß hinter La Isla Española Festland liege, welches sie Caritaba nennen. Sie sagen, daß es sich unendlich weit erstrecke, was meine Ansicht untermauert, daß die hiesigen Länder von raffinierteren Menschen bedrängt werden könnten, denn die Bewohner all dieser Inseln leben in großer Furcht vor den Leuten von Caniba. Also wiederhole ich, was ich bereits zuvor gesagt habe, daß es sich bei Caniba um nichts anderes als das Volk des Großen Khan handelt, der hier ganz in der Nähe leben muß. Sie besitzen Schiffe, die diese Ländereien aufsuchen, um ihre Bewohner gefangenzunehmen und mit sich zu führen. Da die Leute niemals wiederkehren, besteht der Glaube, daß sie gefressen worden wären.*[70]

Zunächst erreichte der Admiral auf seiner Suche nach Babeque unter etlichen Mühen die kleine Insel Tortuga (Tortue) vor der Ostküste Haitis, wo er wegen widriger Winde jedoch nicht ankern konnte. Da die beiden Schiffe in den nächsten Tagen entweder nur wenig Fahrt machen

Die Landung auf Hispaniola. Holzschnitt in: Epistola Christofori Colom: de Insulis Indie . . . inventis, Rom 1493

oder gar nicht unter Segel gehen konnten, fanden die Spanier genug Zeit, um nicht nur mehr von den Eigentümlichkeiten jener unbekannten Weltgegend zu entdecken, sondern um auch die Kultur der dort ansässigen Bevölkerung besser kennenzulernen. Über die neugewonnenen Erfahrungen verfaßte Kolumbus in seinem *Bordbuch* lange Berichte, so etwa über die Konfrontation zweier verschiedener Indianergruppen: *Am Nachmittag kam ein Kanu mit 40 Mann von der Isla de la Tortuga herübergefahren. Als sie am Strand anlangten, setzten sich alle anwesenden Einwohner des Dorfes zum Zeichen des Friedens auf die Erde nieder. Die meisten der Männer stiegen aus dem Kanu und kamen ans Ufer. Der Ka-*

zike stand von selbst auf, und durch seine drohend klingenden Worte kehrten diese wieder zu ihrem Kanu zurück. Er bespritzte sie mit Wasser, und mit Steinen, die er am Strand fand, warf er nach ihnen, und unterwürfig fuhren sie wieder davon.[71] Das Verhalten der eingeborenen Bevölkerung schien den Admiral jedoch nur in seiner Ansicht zu bestärken, daß diese als Untertanen der Krone und damit seiner selbst anzusehen seien: *Tausend von ihnen könnten es nicht mit drei Christen aufnehmen, also kann man ihnen befehlen und sie arbeiten und säen und alles weiterhin Notwendige machen lassen, sie Dörfer bauen lassen und sie darin unterweisen, Kleider zu tragen und unsere Sitten zu befolgen.*[72]

Im intensiven Kontakt zu den Indianern Hispaniolas stellte sich schnell heraus, daß sie mehr Gold besaßen, als dies auf den anderen Inseln der Fall gewesen war. Da die Spanier nicht müde wurden, nach dessen Herkunft zu forschen, hatten sie bald in Erfahrung gebracht, daß sich in «Cibao» größere Mengen Gold befanden. Am Ende des Jahres 1492 konnte sich Kolumbus doch noch am Ziel seiner Träume wähnen, dem «Cipangu» Marco Polos, welches er mit dem Wort «Cibao» gleichsetzte, wie er dies zum erstenmal am 24. Dezember im *Bordbuch* niederschrieb: *Neben den übrigen von ihnen genannten Orten, wo man Gold finden könne, erwähnten sie auch Japan, das sie Cibao nennen.*[73] «Babeque» war also in den Hintergrund getreten und alle Aufmerksamkeit begann sich auf die Suche nach dem «Goldgruben Cibaos» zu richten, als sich in der Nacht vom 24. zum 25. Dezember ein folgenschweres Unglück ereignete. Kolumbus hatte sich entschlossen, der Einladung des Kaziken Guacanagarí zu folgen und das Weihnachtsfest in dessen Gesellschaft zu feiern. Er verließ deswegen seinen relativ sicheren Ankerplatz, und erst nach elf Uhr nachts gelangte er in die Nähe des Kaps Punta Santa (heute Cap Haïtien), wo er das Dorf des Kaziken wußte. Denn um die abendlichen Landwinde zu nutzen und um nicht gegen den Passatwind ankreuzen zu müssen, war er erst spät unter Segel gegangen. Da in jener Nacht der Wind irgendwann völlig abflaute, und da die Küste bereits zuvor auf Untiefen und Klippen untersucht worden war, zog sich der völlig übermüdete Admiral in seine Kajüte zurück. *Es gefiel unserem Herrn, daß sich um Mitternacht, als die Mannschaft sah, daß ich mich zur Ruhe begab und daß es völlig windstill und die See glatt wie ein Teich war, alle zum Schlafen niederlegten und das Ruder jenem Schiffsjungen überließen. Die Strömung trieb das Schiff auf eine dieser Sandbänke. Obgleich es Nacht war, brach sich die See dort so laut, daß man es in einer Entfernung von 3 Meilen hören und sehen konnte. Das Schiff trieb so sanft auf die Sandbank, daß man es kaum spüren konnte.*[74] Alle Versuche, das mit dem Bug festsitzende Schiff wieder flottzumachen (selbst der Hauptmast wurde zur Gewichtsverminderung gekappt), schlugen fehl, zumal sich etliche Männer, darunter auch der Schiffseigner Juan de la Cosa, in ihrer Panik auf die «Niña» flüchteten.

Mit der eifrigen Hilfe der Indianer wurde die «Santa María» am nächsten Morgen entladen, nachdem Kolumbus von dem Kaziken Guacanagarí auf das Freundlichste empfangen worden war. *Von Zeit zu Zeit ließ der König einen seiner Verwandten zu mir kommen, der mich unter Tränen tröstete und bat, mich nicht zu grämen oder zu ärgern, denn der König werde mir alles zukommen lassen, was er besitze.*[75] Da Kolumbus zudem recht wertvolle Goldgeschenke überreicht wurden, machte er aus der Not eine Tugend und ließ aus den Trümmern der «Santa María» eine Siedlung errichten, die er wegen der Weihnachtszeit «Villa de la Navidad» nannte und die er zum ersten Stützpunkt in seinem künftigen Herrschaftsgebiet erkor. Angesichts der Mission, die er zu erfüllen überzeugt war, gewann er auch diesem Unglück, das ihm nur noch ein einziges Schiff zur Rückfahrt ließ, eine positive Seite ab, erkannte er doch, *daß unser Herr mein Schiff an dieser Stelle hatte auflaufen lassen, damit ich hier eine Siedlung gründe*[76].

Die Arbeiten zum Bau der «Weihnachtsstadt» wurden in großer Eile vorangetrieben, besonders nachdem am 27. Dezember Berichte von Indianern eintrafen, die «Pinta» sei nicht sehr weit östlich vor der Küste gesehen worden. Die Gastfreundschaft und Ehrerbietung Guacanagarís gingen so weit, daß Kolumbus immer neue Goldgeschenke überreicht wurden, die den Genuesen jedoch nicht nur zu der festen und gleichwohl trügerischen Überzeugung gelangen ließen, auf Hispaniola und den weiter im Osten gelegenen Inseln fände sich außerordentlich viel Gold, sondern darüber hinaus seinen Verdacht nährten, der Kazike wolle das Wissen um jene Goldvorkommen verheimlichen und alles Gold für sich behalten. Zu dieser fast zwanghaften Fixierung auf Gold und zu seiner Überzeugung, den Quellen künftigen Reichtums nahe zu sein, paßten auch die Berichte über die menschenfressenden Kariben. Da Kolumbus sie als Störenfriede bei seiner Suche nach dem ersehnten Gold sah, konnten alle Attribute von Unzivilisiertheit und Barbarei auf sie übertragen werden. Die «Kannibalen» wurden zum Sinnbild des «Feindes» schlechthin stilisiert, den es zu bekämpfen galt: *Mit Hilfe von Zeichen gab ich dem König zu verstehen, daß die Herrscher Kastiliens die Kariben vernichten und sie mit gebundenen Händen vorführen lassen werden.*[77] Im übrigen ließ die Aussicht auf den zu erwerbenden Reichtum auch seinen innigsten Wunsch lebendig werden, *daß mit dem Gewinn aus seinem Unternehmen die königlichen Herrscher innerhalb von drei Jahren den Feldzug zur Eroberung des Heiligen Landes vorbereiten und durchführen können*[78], ein Plan, der ihn sein Leben lang beschäftigen sollte.

Zu Beginn des neuen Jahres konnte die «Niña» endlich die Heimreise antreten. In La Navidad wurden etwa 40 Männer zurückgelassen, unter denen sich einige der angesehensten Teilnehmer der «Westindien»-Fahrt befanden, wie der königliche Haushofmeister Pedro Gutiérrez, der Schiffsprofos Diego de Harana und der Schriftführer der Flotte Rodrigo de Escobedo. Im übrigen befanden sich unter den Zurückgebliebenen

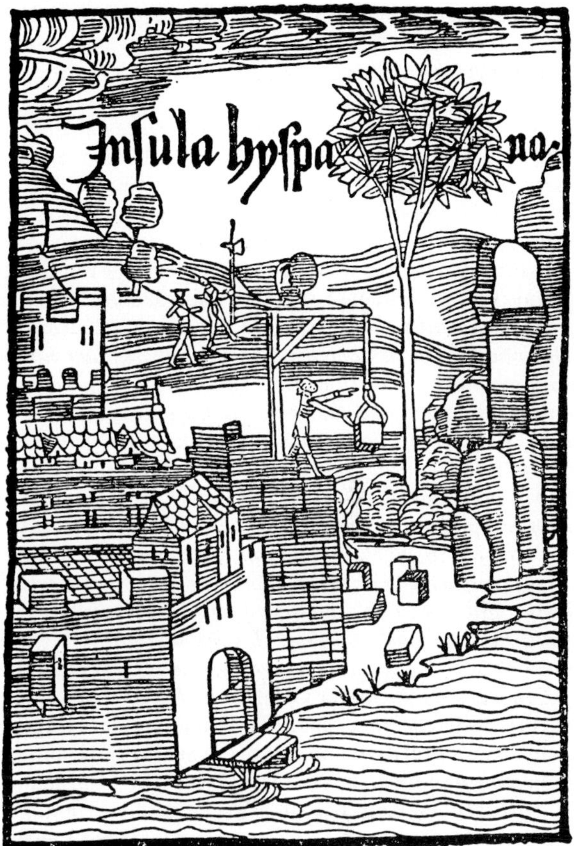

Der Bau der ersten Siedlung auf Hispaniola. Holzschnitt in: Epistola Christofori Colom: de Insulis Indie . . . inventis, Rom 1493

mit einem Schneider, einem Böttcher, einem Schmied oder auch einem Arzt viele der wichtigsten Personen, die zum Aufbau einer Siedlung und deren Unterhalt vonnöten waren. Ein Gutteil der Männer hatte von sich aus den Wunsch geäußert, in La Navidad auf die Rückkehr des zukünftigen Vizekönigs und Statthalters der Indischen Lande zu warten, hofften sie doch, bis dahin die *im Osten gelegenen Goldgruben* gefunden und große Mengen des begehrten Metalls angehäuft zu haben, wie Kolumbus ihnen dies vor seiner Abfahrt ans Herz gelegt hatte. Nachdem man den Indianern noch einmal die Macht der spanischen Waffen vorgeführt hatte, für die erste spanische Ansiedlung in Amerika die erforderlichen

Anweisungen erteilt worden waren und die «Niña» den nötigen Proviant an Bord genommen hatte, stach der Admiral am 4. Januar 1493 in See und nahm Kurs nach Osten. Zuvor hatte sich der Kazike Guacanagarí *sehr gerührt* über den Abschied gezeigt.

Bereits nach zwei Tagen wurde die «Pinta» angetroffen, und die Ausflüchte des Martín Alonso Pinzón, der sich im Osten Hispaniolas etliches Gold hatte verschaffen können, hörte sich Kolumbus ohne Widerspruch an, da er dessen großem Einfluß nichts entgegenzusetzen wagte; allerdings wollte er ihn später in Spanien bestrafen lassen. Die Spannungen zwischen den beiden wichtigsten Männern der Flotte hielten auch weiterhin an; so verzeichnete Kolumbus am 8. Januar 1493 in seinem *Bordbuch*: *Eigentlich wollte ich die ganze Küste der Isla Española entlangsegeln ... Doch handelt es sich bei den beiden Kapitänen der Karavellen um Brüder, nämlich um Martín Alonso Pinzón und um Vincente Yáñez Pinzón, und deren Anhänger sind habgierig und unzuverlässig. Sie erweisen sich der Ehre, die ich ihnen habe zukommen lassen, nicht als würdig, und sie haben meine Befehle nicht befolgt und gehorchen mir auch weiterhin nicht. Sie haben mir gegenüber bereits viel Unrechtes gesagt und getan, und Martín Alonso hatte mich vom 22. November bis zum 6. Januar ohne Grund und Ursache im Stich gelassen und mir so den Gehorsam verweigert. Ich habe all dies schweigend ertragen, damit ich meine Reise erfolgreich abschließen kann. Um aus solch schlechter Gesellschaft, die ich hinnehmen muß, zu entfliehen, habe ich mich entschieden, mit größtmöglicher Eile nach Spanien zurückzukehren und nirgendwo mehr länger zu verweilen.*[79]

Ein weiterer wichtiger Grund, auf die Rückreise zu drängen, bestand darin, daß die «Pinta» und die «Niña» immer stärker leckten, weshalb sich der Admiral dazu entschloß, die Schiffe noch einmal so gründlich wie möglich kalfatern zu lassen. Zu dieser Arbeit wurde in der Nähe des weit vorspringenden Kaps Samaná ein geeigneter Strand gefunden. Dort trafen dann die Spanier auf Indianertrupps, die mit Pfeil und Bogen bewaffnet waren und sich im Gegensatz zu den bis dahin angetroffenen Eingeborenen durchaus kampfbereit zeigten. Es kam daher in den letzten Tagen auf amerikanischem Boden noch zu einem Scharmützel, das für beide Seiten recht glimpflich endete. Doch der Bericht im *Bordbuch* liest sich wie eine Vorahnung dessen, was die Neue Welt und ihre Bewohner zu erwarten hatten: *Als die Indianer erkannten, daß sie nur wenig auszurichten vermochten, ergriffen sie samt und sonders die Flucht, obgleich sie mit über 50 Mann nur sieben Spaniern gegenübergetreten waren ... Die Männer hätten viele von ihnen getötet, wenn dies nicht der Führer der Gruppe verhindert hätte.*[80] Am 16. Januar 1493 stachen die «Pinta» und die «Niña» dann in See. Nachdem zunächst noch nach der Insel der Kariben, wo man erwartete, auf die menschenfressenden Indianer zu treffen, und daraufhin nach einer legendären «Fraueninsel» gesucht worden war, nahmen die beiden Schiffe Kurs auf Spanien.

Da die Karavellen gegen den Passat kreuzen mußten, um die geographische Höhe Spaniens zu gewinnen, verlief die Fahrt über viele Tage hinweg zunächst in Richtung Nordosten, bis die «Pinta» und «Niña» auf der Höhe der Bermudas von einem kräftigen Westwind ergriffen und von Anfang Februar an in rascher Fahrt über das Meer getrieben wurden. Tatsächlich hatte Kolumbus damit die günstigste Schiffahrtsroute von Amerika nach Europa gefunden. Jedoch hatte er die Fahrt im Winter angetreten, wenn sich im Bereich der Azoren durch den Zusammenprall polarer Kaltluft- und tropischer Warmluftmassen häufiger als in den anderen Jahreszeiten schwere Stürme bilden. Und so gerieten die beiden Schiffe vom 12. bis 15. Februar 1493 in einen solch gewaltigen Orkan, daß die «Pinta» und «Niña» getrennt wurden, nicht mehr zusammenfanden und sich gegenseitig verloren glaubten: *Die Wogen kamen aus allen Richtungen und waren entsetzlich anzusehen. Sie schlugen übereinander und hielten das Schiff wie in einer Falle gefangen ... Der Wind und die See stürmten noch stärker; ich erkannte die Gefahr und fuhr schließlich vor dem Wind, wobei es mir einerlei war, wohin ich getrieben würde, da es keinen anderen Ausweg mehr gab.*[81] Aber selbst in den aufeinanderschlagenden Kreuzseen, in denen kein Kurs mehr zu halten war und man sich der Gewalt des Meeres überlassen hatte, fand die Mannschaft noch die Kraft, Lose zu ziehen, um denjenigen zu bestimmen, der im Fall der Rettung eine Pilgerfahrt anzutreten hatte. Dabei fielen zwei der drei Lose auf den Admiral (wohl unter kleiner Mithilfe), der in jenen Stunden der Verzweiflung deutlich seine Überzeugung zum Ausdruck brachte, ein von Gott Gesandter zu sein, dem der Sturm folglich nur eine weitere «Prüfung» bedeutete: *Ich möchte Eurer Majestät all die wunderbaren Nachrichten überbringen und damit zeigen, daß sich das, was ich behauptete und was zu entdecken ich mich erbot, als wahr erwiesen hat. Doch will mir scheinen, daß mich dieses starke Verlangen außerordentlich ängstlich macht, mein Unternehmen nicht erfolgreich abschließen zu können... Schuld daran ist nur, daß ich nicht recht an die göttliche Vorsehung glauben will und kein ausreichendes Vertrauen in sie hege. Auf der anderen Seite fühle ich mich bestärkt durch das Wohlwollen, das mir Gott erwiesen hat, indem er mir einen solchen Sieg hat zukommen lassen; daß er mich nämlich entdecken ließ, was ich entdeckt habe.*[82]

Am 16. Februar, als das Schlimmste überstanden war, wurde Land gesichtet: Vor den der Katastrophe knapp entronnenen Seefahrern lag Santa Maria, die südlichste der Azoren-Inseln. Da die Azoren portugiesischer Herrschaft unterstanden, ließ der Gouverneur der Insel, João da Castanheira, der sich in dem Glauben befand, Kolumbus habe in portugiesischen Gewässern unerlaubt Handel getrieben, die Hälfte der Spanier festsetzen, als diese in einer Kapelle ihr auf See gegebenes Gelübde erfüllen wollten. Nur nach einigem Hin und Her konnte Kolumbus seine Männer wieder freibekommen.

Eine Woche darauf, am 24. Februar, ließ er wieder Segel setzen, geriet allerdings von neuem in einen Orkan, dessen Heftigkeit den gerade ausgestandenen noch übertraf und der die «Niña» nach einwöchigem Toben vor die Küste Portugals trieb. Dort wußte sich der Admiral nicht anders zu helfen, als ausgerechnet in die Mündung des Tejo einzulaufen, wo er in Restelo, kurz vor Lissabon, Schutz suchte. Das Spiel der Elemente führte den Genuesen also wieder an die Stätte zurück, wo er die Idee zu seinem Projekt einer Fahrt nach Westen ausgearbeitet und von wo er sich, als ihm dafür keine Zustimmung erteilt worden war, recht bald davongemacht hatte. Seine Rückkehr aus «Indien» mußte für das portugiesische Königshaus, das den Weg dorthin – der afrikanischen Küste entlang – über Jahrzehnte systematisch hatte erforschen lassen, einen schweren Schlag bedeuten. Kolumbus befand sich daher in einer recht unangenehmen Lage, die für ihn auch deshalb gefährlich werden konnte, da gegen ihn möglicherweise wegen noch unbezahlter Schulden Anklage erhoben werden konnte. Der ehemalige Cristovão Colom trat daher die Flucht nach vorn an und ließ Johann II. einen Brief zukommen, mit der Bitte, bis nach Lissabon weitersegeln zu können.

Ehe er daraufhin tatsächlich an den Königshof vorgelassen wurde, hatte der Zufall noch jenen Mann auf Kolumbus stoßen lassen, der vier Jahre zuvor den wirklichen Seeweg nach Indien um das Kap der Guten Hoffnung eröffnet hatte: Das Zusammentreffen mit Bartolomeu Diaz verlief allerdings bürokratisch und völlig prosaisch. Von Johann II. wurde der Admiral dagegen mit allen Ehren empfangen, obwohl seine «Entdekkung» beim König die unterschiedlichsten Gefühle hervorrufen mußte. (Es sollen sogar Pläne bestanden haben, Kolumbus umbringen zu lassen.) Kolumbus selbst kommentierte die Begegnung lakonisch: *Er gab zu verstehen, wie sehr es ihn erfreue, daß die Fahrt erfolgreich durchgeführt worden sei, obgleich er voraussetzte, daß aus dem Vertrag zwischen den königlichen Herrschern und ihm hervorgehe, daß die Eroberung ihm gehöre.*[83] Der portugiesische König spielte damit auf den Vertrag von Alcáçovas an, wonach das Gebiet südlich der Kanarischen Inseln Portugal zustand. Kolumbus stellte sich diesen Ansprüchen gegenüber zwar unwissend, aber es lag auf der Hand, daß dieser Vertrag aus dem Jahr 1479 hinfällig geworden war.

Am 13. März lief der «Entdecker Amerikas» von Lissabon aus, und am 15. März traf die «Niña» in Palos ein. Mit der Ankunft endet auch sein *Bordbuch*, das er bis dahin gewissenhaft geführt hatte. Mit Nachdruck verwies er in den letzten Eintragungen noch einmal darauf, daß er *gegen die Ratschläge so vieler bedeutender Persönlichkeiten Eures Hofes anzukämpfen hatte, welche alle wider mich waren und welche dieses Unternehmen als eine Narretei ansahen*[84]. Der daran anschließende letzte Satz lautet: *Ich hoffe auf unseren Herren, daß diese Tat der Christenheit zur größten Ehre gereiche, obgleich sie derart mühelos vollbracht wurde.*[85]

Kolumbus berichtet Ferdinand und Isabella.
Zeitgenössische Miniatur

Kolumbus suchte sofort um eine Audienz am königlichen Hof nach, jedoch mußte er zuerst die Vorladung dazu abwarten. Nach den Feiern und Banketten in Palos begab sich Kolumbus auf dem Landweg nach Barcelona, wo der Hof zu jener Zeit residierte. Den königlichen Kurier mit der Vorladung wollte er unterwegs empfangen. Die Reise wurde zu einem beispiellosen Spektakel, das Kolumbus in der Art eines Triumphzugs inszenierte. Von überallher strömten die Menschen zusammen, um den Admiral, die von ihm mitgeführten Indianer und Papageien zu Gesicht zu bekommen. (Für Las Casas gehörte der Auftritt des Admirals in Sevilla zu einer seiner lebhaftesten Kindheitserinnerungen.)

An den Feiern nahm allerdings jener Mann nicht teil, der neben Kolumbus eine entscheidende Rolle bei der Westfahrt nach «Indien» gespielt hatte: Martín Alonso Pinzón. Er hatte kurze Zeit vor der Ankunft der «Niña» in Portugal mit der «Pinta» das französische Bayonne erreicht und von dort aus als erster das Königshaus über die erfolgreiche Rückkehr benachrichtigt. Ein Empfang bei Hof war ihm jedoch nur im Gefolge des Admirals gestattet worden, da dem Königspaar kurz darauf die Nachricht von der Ankunft der «Niña» in Lissabon überbracht worden war. Daraufhin hatte sich Pinzón, der eine Anklage wegen Desertion befürchten mußte, verbittert nach Palos aufgemacht, wo die «Pinta» wenige Stunden nach der «Niña» anlangte. Pinzón hatte sich schon an der Saltesbank an Land bringen lassen, begab sich unverzüglich in sein Haus bei Palos, legte sich zu Bett und starb fünf Tage später, ohne daß dem Förderer und Gegenspieler des Kolumbus Ruhm und Ehre zuteil geworden wären.

Ende April wurde Don Cristóbal Colón in Barcelona vom spanischen Herrscherpaar feierlich empfangen. In Anwesenheit des gesamten Hofstaats und in aller Öffentlichkeit wurde ihm die unerhörte Ehre zuteil, sich neben Ferdinand und Isabella niedersetzen zu dürfen, um von seinen Erlebnissen zu berichten. Schon zuvor hatte sich das Herrscherpaar zu seiner Begrüßung erhoben und ihm damit eine Auszeichnung erwiesen, die nur den Granden zustand. Kolumbus war damit offiziell in den Adelsstand erhoben worden, und wenig später durfte er seinem Rang auch durch ein eigenes Wappen Ausdruck verleihen. Der Genuese von einfacher Herkunft war in eine der höchsten gesellschaftlichen Stellungen seiner Zeit aufgestiegen. Allerdings mußte er seinen neuen Status in seinem Herrschaftsgebiet, den «Indischen Landen», unbedingt absichern – und bei diesem Unterfangen sollte er am Ende hoffnungslos scheitern.

Das Wappen des Kolumbus mit der später zugefügten Devise «Kolumbus fand die Neue Welt»

Die zweite Fahrt: Vizekönig auf Hispaniola

Kolumbus hatte Spanien, das zuvor noch in keiner Weise systematische Entdeckungsfahrten unternommen und seinen Einfluß nahezu ausschließlich auf das westliche Mittelmeer konzentriert hatte, ungehinderten Zugang zu den vermeintlich reichsten Ländern der Erde verschafft. Hatte Portugal über Jahrzehnte hinweg planvoll den Weg nach Indien erkundet, so fiel dem spanischen Königshaus nun dieses «Indien» förmlich in den Schoß, ohne daß es dazu besonderer finanzieller Anstrengungen bedurft hätte. Zwar waren die imperialen Interessen Spaniens noch nicht auf die Ausbeutung weit entfernt gelegener Gebiete gerichtet, nichtsdestoweniger mußte der westliche Seeweg zu den Indischen Landen sogleich gegen Portugal verteidigt werden, um in Zukunft die entdeckten Territorien in spanischem Namen kolonisieren zu können. Denn auch Johann II., der über eine größere und besser ausgerüstete Flotte als die Spaniens verfügte, hatte auf jene Gebiete kurzentschlossen Anspruch erhoben.

Mit Hilfe der spanischen Krone war nun im Jahr 1492 ein Spanier zum Papst gewählt worden, der unter dem Namen Alexander VI. als äußerst korrupter Machtpolitiker in die Geschichte eingehen sollte. Gestützt auf den Bericht des Kolumbus über die im Westen gemachten Entdeckungen teilte Alexander VI. am 3. Mai 1493 in einer Bulle («Inter caetera») die Welt in eine östliche, portugiesische, und eine westliche, spanische Hälfte. Die Grenzlinie (die sogenannte «raya») sollte von Nord nach Süd 100 «leguas» westlich der Azoren verlaufen, da sich nach der Beschreibung des Kolumbus auf dieser geographischen Länge die Windverhältnisse, die Lufttemperatur usw. änderten. Die entdeckten und noch zu entdeckenden Gebiete im Westen des «raya» wurden somit Spanien zugesprochen; da bereits durch den Friedensvertrag von Alcáçovas und eine päpstliche Bulle («Aeterni Regis») aus dem Jahr 1481 die Höhe der Kanarischen Inseln als horizontale Trennungslinie festgelegt worden war, unterstand grundsätzlich der östliche Seeweg nach Indien – entlang der afrikanischen Küste – weiterhin den Portugiesen.

Als jedoch Alexander VI. in einer zum drittenmal «erweiterten Bulle» vom 26. September 1493 den ohnehin gegen die «raya» protestierenden

Papst Alexander VI. Ausschnitt aus einem Fresko des Pinturicchio in den Appartamenti Borgia des Vatikan, 1492–95

Portugiesen ihren alleinigen Anspruch auf das auf dem östlichen Weg zu entdeckende Indien streitig machte (am Tag zuvor war Kolumbus zu weiteren Entdeckungen und zur Sicherung der spanischen Ansprüche wiederum gen «Indien» in See gestochen), brachte er endgültig das wirtschaftlich mächtigere Portugal gegen Spanien auf. Unter dem politischen Druck des portugiesischen Herrscherhauses kam es im Jahr 1494 zu direkten Verhandlungen zwischen Abgesandten des spanischen Königspaars und des Königs von Portugal. Deren Ergebnis war der Vertrag von Tordesillas vom 7. Juni 1494, in dem sich die beiden Parteien die vom Papst festgelegte Grenzlinie gegenseitig garantierten. Diese «raya» wurde jedoch zugunsten Portugals noch einmal um 270 Leguas weiter nach Westen verschoben, da die Spanier so weit wie möglich von der afrikanischen Küste ferngehalten werden sollten und da Portugal auf Afrika im Westen gegenüberliegendes Land zu stoßen hoffte. Innerhalb kürzester Zeit hatten sich somit die beiden iberischen Königreiche trotz mancher Verwicklungen auf diplomatischem Wege nicht nur darauf geeinigt, ihre kolonialen Handelsinteressen nicht in Konflikt geraten zu lassen, sondern in bis dahin beispielloser Weise die restliche, noch unbekannte Welt unter sich aufgeteilt und dabei die übrigen europäischen Mächte leer ausgehen lassen.

Erst Jahrzehnte später gelang es Frankreich, England und Holland, den dank ihres aufstrebenden Bürgertums erstarkten Nationalstaaten, sich dieser Aufteilung der Welt zu widersetzen und sich ebenfalls in den Reigen der Kolonialmächte einzureihen. Die Neue Welt war damals allerdings bereits zum großen Teil dem spanischen und dem portugiesischen Herrschaftsbereich (durch den Vertrag von Tordesillas war Portugal das heutige Brasilien zugefallen) einverleibt worden.

Ausschnitt aus der sogenannten Planisphäre des Cantino, Lissabon 1502. Die Karte zeigt die Antillen, rechts daneben die «raya»

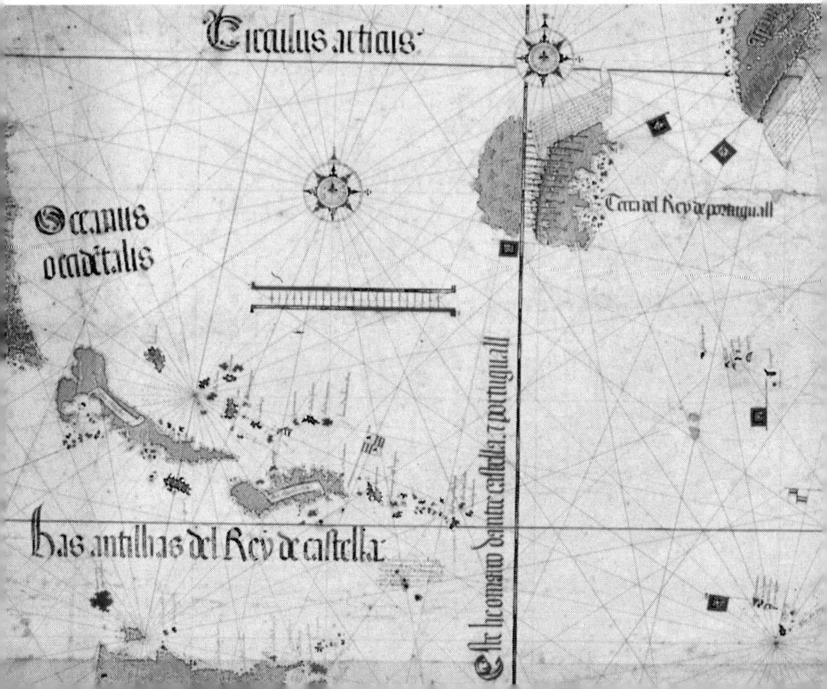

Noch einige Wochen lang sonnte sich der Admiral des Weltmeeres am spanischen Hof im Glanz seines Erfolgs. Bei den Überlegungen und diplomatischen Schritten, wie die Aufteilung der in neuer Gestalt erscheinenden Welt am besten vollzogen werden könnte, war sein Urteil überaus gefragt, vor allem im Hinblick auf die Verhandlungen mit dem Papst. Zugleich wurde Kolumbus zum Generalkapitän einer zweiten Flotte ernannt, deren Ausrüstung und Finanzierung das Königshaus umgehend in die Wege leitete. Bei Fragen der Planung wurde er zu Rate gezogen; die praktische Vorbereitung oblag allerdings dem Archidiakon von Sevilla, Juan de Fonseca. Irgendwann im Juni machte sich der Genuese schließlich von Barcelona nach Cádiz auf; auf dem Weg dorthin besuchte er den Wallfahrtsort Santa María de Guadalupe, wie er dies im Sturm vor den Azoren gelobt hatte. Als er in der großen Hafenstadt Cádiz eintraf, die später auf seinen Vorschlag fast ausschließlich den Handel mit den amerikanischen Kolonialgebieten abwickeln sollte, wurde dort bereits mit uneingeschränkter Förderung und unter erheblichem Druck des Königshauses die Flotte zur zweiten Überquerung des Atlantiks ausgerüstet. Es galt, die unbekannten Länder für Spanien zu sichern, wie dies aus den folgenden Sätzen des Kolumbus hervorgeht: *In jener Zeit entstand ein Zwist zwischen dem Herrn König von Portugal und der Königin, meiner Herrin, da der König von Portugal sagte, er wolle auch Entdeckungsfahrten in der gleichen Richtung vornehmen und den Anspruch mit seinem Recht begründete. Der König und die Königin, meine Herren, sandten mich rasch wieder aus, um mein Unternehmen fortzuführen und alles zu gewinnen.*[86]

In Spanien hatte sich als Folge des politischen Drucks auf den Adel und als Erbe des jahrhundertelangen Kampfs gegen die Mauren der Typus des zu Streit und Abenteuer bereiten Hidalgo herausgebildet, der weder einer Arbeit noch irgendwelchen Geschäften nachging, aber begierig auf Reichtum und Macht war; zugleich war ein erheblicher Teil der unteren Bevölkerungsschichten verarmt und aus dem traditionellen Gesellschaftsgefüge herausgerissen worden. Daher ließen sich in die Schiffslisten freiwillig weit über 1200 Mann einschreiben (erst ab dem Jahre 1498 befanden sich auch Frauen an Bord der zur Kolonisation ausgeschickten Schiffe), von denen die meisten ihr Glück innerhalb kurzer Zeit zu machen hofften. Bis Ende September war eine Armada aus 17 Schiffen zusammengestellt, deren Besatzungen sich aus Seeleuten und Bauern, Bergarbeitern und Handwerkern, aus Beamten, einigen Priestern und etlichen Hidalgos rekrutierten und die mit der Kolonisierung Hispaniolas, dem ersten Stützpunkt in «Indien», beginnen sollten. Es wurden erhebliche Mengen an Lebensmitteln an Bord gebracht, die in der Neuen Welt die Ernährung sichern sollten, bis es dank des mitgeführten Saatguts und der Zuchttiere möglich würde, sich selbst zu versorgen. Auch Kriegsgerät wie Kanonen und Musketen gehörte zur Ladung und zwanzig schwerbewaffnete Lanzenreiter samt ihren Pferden machten die zweite Überfahrt mit.

Wenn in der Ausrüstung der gewaltigen Flotte auch der Wille zur organisierten Besiedlung zum Ausdruck kommt, so stand die beginnende Kolonisation Amerikas doch von Anfang an unter dem Aspekt, die neugewonnenen Gebiete wirtschaftlich auszubeuten. Denn die Reichtümer, die Kolumbus in Aussicht gestellt hatte, mußten dem spanischen Königshaus angesichts der erschöpften finanziellen Ressourcen als Geschenk Gottes erscheinen. In dem berühmt gewordenen Brief, den er noch auf der Rückfahrt an den Förderer seiner ersten Reise schrieb, den Verwalter der königlichen Privatschatulle, Luis de Santángel, hielt sich der Admiral mit kühnen Versprechungen nicht zurück. Dort heißt es etwa: *Abschließend können Ihre Hoheiten ... schon jetzt gewiß sein, daß ich ihnen so viel Gold beschaffen kann, als sie nur wollen, wenn sie mir nur einigermaßen dabei behilfich sein wollten. Überdies werden ihnen Gewürze, Baumwolle und Mastixharz in jedem gewünschten Ausmaß zu Gebote stehen ... Auch Aloe und Sklaven werden von dort in jeder gewünschten Menge eingeführt werden können.*[87] Und so lautete zwar offiziell das wichtigste Ziel der Reise, «unter guter und liebevoller Behandlung» die eingeborenen Indianer zu bekehren, jedoch wurde schon an zweiter Stelle die eigentliche Absicht formuliert, für die Krone eine Handelskolonie zu gründen. Der wesentlichste Antrieb dieses «Handels» bestand von vornherein darin, die Goldquellen «West-Indiens» zu erschließen, wie sich dies auch aus den Vorschlägen des Kolumbus ersehen läßt, die er dem spanischen Herrscherpaar noch vor Beginn der zweiten Reise unterbreitete. Die spätere Entwicklung vorausahnend heißt es darin: *Da das äußerst starke Verlangen der Kolonisten, Gold zu sammeln, sie dazu bringen könnte, alle anderen Geschäfte und Beschäftigungen zu vernachlässigen, scheint mir, daß ihnen ein Verbot erlassen werden sollte, sich während einer bestimmten Zeit des Jahres mit der Goldsuche abzugeben, auf daß damit die Möglichkeit bestehe, alle anderen für die Insel wichtigen Geschäfte zu betreiben und weiterzuführen.*[88]

Nachdem nur etwas mehr als ein Jahr seit dem Auslaufen der «Santa María», der «Pinta» und der «Niña» aus Palos vergangen war, lichtete die aus drei Vollschiffen und vierzehn kleineren Karavellen bestehende Flotte am 25. September 1493 die Anker, um abermals die Fahrt über den Atlantik anzutreten. Ponce de León, der spätere Entdecker Floridas, Diego Álvarez Chanca, der einen detaillierten Bericht über die Ereignisse während der zweiten Amerika-Fahrt verfaßte, oder Diego de Velázquez, der als späterer Statthalter Kubas die Eroberungen des Hernán Cortés finanzieren half, waren einige der Persönlichkeiten, die mit auf die Reise gingen und deren Namen später bekannt werden sollten. An Bord der Schiffe befanden sich zudem Kolumbus' jüngster Bruder Diego (Giacomo), den der Admiral nach seiner triumphalen Rückkehr aus Genua zu sich gerufen hatte, und auch drei der Indianer, die auf der ersten Reise nach Spanien verschleppt worden waren. Diese Indianer hatten Kolumbus zuvor von der Lage der Inseln über dem Winde berichtet, welche das Karibische Meer gegen den offenen Ozean abgrenzen. Deshalb schlug der Generalkapitän nun einen leicht nach Süden gerichteten Westkurs ein und passierte damit den Atlantik auf dem kürzesten Weg, auf dem er zudem die Passatwinde am besten nutzen konnte.

Der Atlantik war daher bereits nach 21 Tagen ohne größere Zwischenfälle überquert, und das erste Land, auf das die Schiffe am Sonntag, 3. November 1493, stießen, war die von Kolumbus «Dominica» («Sonntag») benannte Insel. (Viele der von Kolumbus entdeckten Inseln haben ihre meist willkürlich vergebenen spanischen Namen bis heute beibehalten.) Da sich an der Küste Dominicas kein Ankerplatz finden ließ, steuerte die Flotte einige nahe gelegene Inseln an, die schon zuvor gesichtet worden waren. Noch vor Einbruch der Nacht wurde Marie-Galante erreicht, wo der Admiral an Land ging und die Insel mit der üblichen Zeremonie für das spanische Herrscherhaus in Besitz nahm. Da Marie-Galante (benannt nach «Maríagalante», dem Flaggschiff der Flotte) für unbewohnt gehalten wurde, segelten die Schiffe am nächsten Morgen zur Insel Guadeloupe, die ihren Namen nach jenem von Kolumbus zuvor in Spanien aufgesuchten Wallfahrtsort erhielt. Als die Insel am nächsten Tag erkundet wurde, machten Funde menschlicher Knochen zur Gewißheit, was bereits zuvor vermutet worden war: Man war auf die Kariben gestoßen, jenen räuberischen Indianerstamm, von dem Kolumbus bereits auf seiner ersten Reise immer wieder gehört hatte. Der Arzt und Chronist Chanca schrieb dazu unter anderem: «Der schönste Beweis für diese Menschenfresserei sind die Gebeine, die wir in ihren Häusern fanden. In einer der Hütten beobachteten wir, wie ein Männerhals in einem Topf kochte. Machen sie Knaben zu Gefangenen, dann verstümmeln sie diese und behalten sie so lange, bis sie mannbar werden. Wollen sie nun eine Schmauserei veranstalten, dann tötet man die Jünglinge und frißt sie auf. Drei solcher verstümmelten Knaben flohen zu uns.»[89] Die Flotte mußte sich einige Tage in Guadeloupe aufhalten, da sich der Kapitän eines Schiffs und einige seiner Männer, die wohl zu Plünderungen aufgebrochen waren, im Inselinnern verirrt hatten und trotz intensiver Suche nicht gefunden wurden. Als der bereits verlorengeglaubte Trupp schließlich doch wieder am Ankerplatz der Schiffe erschien, befahl der Admiral, *um sie für ihre Verwegenheit zu strafen, den Kapitän in Ketten zu legen, während den anderen die Nahrung geschmälert wurde*[90].

Auf nordwestlichem Kurs segelnd wurden daraufhin in rascher Folge einige Dutzend der Inseln über dem Winde entdeckt, wie Monserrat, Antigua, Nevis, Saint Kitts, die mit einem Namen versehen und in spanischen Besitz genommen wurden. «Den Admiral trieb das Verlangen wei-

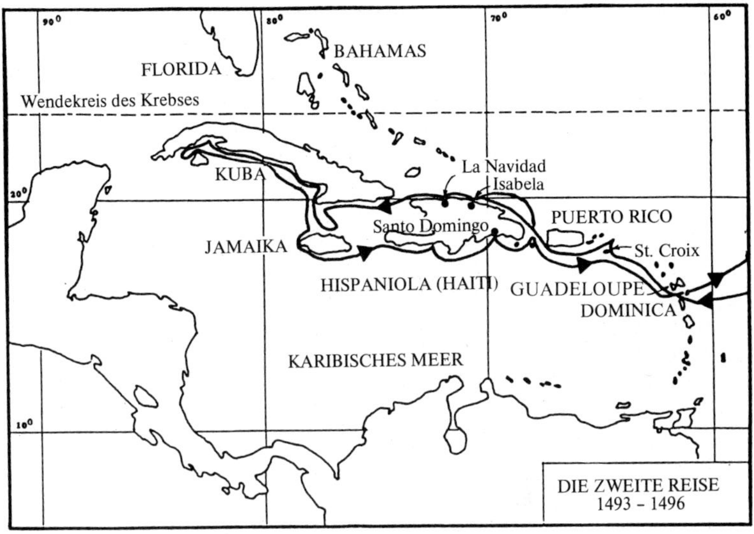

ter, seine Kameraden wiederzusehen, die er auf der ersten Reise im vergangenen Jahr in Española zur Erkundung des Landes zurückgelassen hatte. So fuhr er mehrere Tage an einigen Eilanden zur Rechten und zur Linken vorüber.»[91] Auf der Fahrt nahmen die Schiffe einige Indianer an Bord, die entweder von den Kariben als Sklaven gehalten worden waren und sich zu den Spaniern flüchteten oder die von den Mannschaften des Kolumbus unter Gewaltanwendung mitgeführt wurden. Ein erneuter Landgang wurde erst auf der Jungferninsel Santa Cruz erlaubt, wo die Flotte am 14. November vor Anker ging. Dort kam es zu einem ersten Kampf mit einigen wenigen Kariben, die sich den Spaniern mit äußerster Entschlossenheit entgegenstellten. Nach einem Schwenk in Richtung Nordosten passierten die Schiffe in den nächsten Tagen zum Teil auf getrennten Routen die vielen kleinen Eilande der Jungferninseln. Am 19. November 1493 war Puerto Rico erreicht, wo «in der Nacht zwei Frauen und ein junger Mann von jenen Leuten, die aus der Gefangenschaft der Kannibalen befreit worden waren, ins Meer sprangen und sich schwimmend auf ihren Heimatboden retteten»[92]. Auch auf dieser großen Insel, die von den friedlichen Aruak-Indianern bewohnt wurde, verweilten die Spanier nicht lange, sondern durchfuhren am 22. November die Mona-Passage zwischen Puerto Rico und Hispaniola.

Einen Tag später langte die Flotte in der Samaná-Bucht an, von wo die «Pinta» und die «Niña» am 16. Januar desselben Jahres ihre Rückfahrt

Indianer mit Pfeil und Bogen. Holzschnitt in der «Epistola Albericij: De Nuovo Mundo», Rostock 1505

nach Spanien angetreten hatten. Dort wurde einer der nach Spanien verschleppten Indianer reich beschenkt in sein Heimatland entlassen, *der sich schon zu unserem heiligen Glauben bekehrt hatte und sich anerbot, alle Indianer* seiner Heimat *in den Dienst und Frieden der Christen zu führen*[93]. Petrus Martyr Anglerius berichtet, daß «sich in der Nacht auch die restlichen zwei [der nach Spanien verschleppten Eingeborenen] ins Meer stürzten und schwimmend entkamen»[94]. Außerdem mußte ein Seemann beerdigt werden, der an jenem Tag an der Wirkung eines vergifteten Pfeils gestorben war, der ihn auf Santa Cruz im Geplänkel mit der Gruppe sich standhaft wehrender Kariben getroffen hatte.

Als die Flotte in den nächsten zwei Tagen nahe an La Navidad herangekommen war, fand man am Vorgebirge Monte Christi in einer Bucht zwei und am darauffolgenden Tag weitere zwei stark verweste Leichname. Da sich an einer der Leichen ein langer Bart ausmachen ließ, begann man Schlimmes zu ahnen. Am 27. November erreichten die Schiffe den Ort von La Navidad: Die hölzerne Befestigung war niedergebrannt; keiner der 40 Zurückgelassenen war mehr am Leben. Der Kazike Guacanagarí gab vor, die Kariben hätten die Spanier getötet, und er selbst habe sich im Kampf mit ihnen verletzt. Auf Vorschlag des flämischen Franziskanerpaters Buil (Buyl) und anderer sollte er hingerichtet werden. Jedoch Kolumbus «und viele glaubten, daß es, bis sie die Wahrheit erfahren hätten, zunächst das Beste sei, kein Mißtrauen an den Tag zu legen. Dann aber, wenn man Gewißheit hatte, konnte mit jeder möglichen Härte eingeschritten werden.»[95]

Aus den wirren Berichten der eingeschüchterten Indianer ergab sich allerdings nach und nach ein deutlicheres Bild des Geschehens. Die Schuld am Untergang der Siedlung war bei deren Bewohnern zu suchen. Die ersten spanischen Siedler in Amerika hatten nämlich ein Verhalten offenbart, das in symptomatischer Weise die Kolonisation des neuentdeckten Kontinents vorwegnahm. Denn wie die Indianer berichteten, *hätten die Christen alsbald Streit unter sich bekommen und angefangen, alle Weiber und alles Gold, das sie erreichen konnten, zu rauben*[96]. Verschiedene Banden hatten sich gebildet, die auf der Suche nach Gold marodierend die Insel durchzogen. Unter der Führung des Königlichen Haushofmeisters Pedro Gutiérrez und des Flottenschreibers Rodrigo de Escobedo war eine dieser Banden in das Gebiet des streitbaren Kaziken Caonabó vorgedrungen, der sich dann gegen die Untaten der Spanier zur Wehr setzte. Er vernichtete zuerst die in sein Herrschaftsgebiet eingedrungene Bande und ging dann gegen die Siedlung La Navidad selbst vor. Dort befanden sich nur noch zehn der ehemals vierzig Bewohner, die auch bei der einheimischen Bevölkerung längst nicht mehr wohlgelitten waren, nachdem sie *sich nicht mit dem begnügt hatten, was ihnen Guacanagarí gegeben und zu geben versprochen hatte*[97]. Die überlegene Streitmacht des Kaziken Caonabó konnte die in La Navidad verbliebenen Spanier – von denen «einer drei Weiber, ein anderer sogar deren vier genommen hatte»[98] – leicht besiegen; auch die übrigen Spanier wurden auf ihren Beutezügen durch die Insel von den Indianern, die sich gegen die Plünderungen ihrer Dörfer, die Schändung der Frauen und die den Bewohnern angetanen Gewalttaten zu wehren suchten, *alle einzeln niedergemacht*[99].

Noch während des Aufenthalts am Ort des zerstörten La Navidad, das als Niederlassung aus der Not heraus entstanden war und keine günstigen Lebensbedingungen bot, waren Teile der Flotte ausgelaufen, um eine zur Ansiedlung geeignetere Gegend mit einem geschützten Ankerplatz ausfindig zu machen. Da Kolumbus die von ihm gesuchten Goldvorkommen im Osten von Hispaniola vermutete, ließ er die Flotte gegen den einsetzenden Passat segeln, so daß «die 30 Leguas rückwärts zu segeln mehr Mühe kostete wie die ganze Reise von Spanien aus»[100]. Da die Zeit drängte, wurde schließlich am 2. Januar 1494 eine unfruchtbare, sumpfige Gegend ausgewählt und eine Ortschaft mit dem Namen «Isabela» gegründet.

Schon nach wenigen Tagen schickte Kolumbus einen Expeditionstrupp von zwanzig Mann unter Alsonso de Hojeda aus, um nach jener Goldmine «Cibao» zu suchen, die er bereits auf der ersten Amerika-Fahrt (in Gleichsetzung mit «Cipangu») gesucht hatte und von der ihm auch hier die Indianer berichteten. Und tatsächlich fand sich in den Sturzbächen des Zentralmassivs von Haiti so viel Goldsand, daß eine systematische Ausbeutung der Goldadern großen Gewinn versprach.

Als der Trupp nach knapp drei Wochen wieder in Isabela eintraf, waren die notwendigen Arbeiten dort nur schleppend vorangegangen, und ein großer Teil der Bewohner, einschließlich des Admirals, lag fieberkrank darnieder. Als besonders schwierig erwies sich, die über 1200 Menschen ausreichend zu ernähren, denn ein Großteil der mitgeführten Vorräte war verdorben und die Saaten mußten erst ausgebracht werden. Die von den Indianern eingehandelte Nahrung, in der Hauptsache Jamswurzeln, stand nur in kleinen Mengen zur Verfügung; zudem vertrugen längst nicht alle Spanier das aus Jamsmehl gebackene Brot. Überdies war bei vielen die Enttäuschung groß, denn das erhoffte Gold ließ sich nicht wie angenommen von jedermann leicht ergattern. In dieser prekären Situation entschloß sich der «Vizekönig der Indien», einen großen Teil der Schiffe wieder nach Spanien zurückzuschicken; in seinem zugleich übersandten Bericht bat er das spanische Königshaus um dringend notwendigen Nachschub an Ausrüstungsgegenständen, Lebensmitteln und Medikamenten.

Am 2. Februar stachen unter dem Befehl von Antonio de Torres zwölf der siebzehn Schiffe in See, die mit ihren enttäuschten und verbitterten Besatzungen am 7. März wieder in Cádiz eintrafen. Sie hatten Gewürze, Holz und andere Güter geladen, dazu recht geringe Mengen des versprochenen Goldes und bereits die ersten zu Sklaven bestimmten Indianer. In dem Schreiben, das Antonio de Torres dem spanischen König überbrachte, führte Kolumbus die verschiedenen Gründe dafür an, warum die großen Gewürz- und Goldlieferungen noch ausblieben. Zugleich betonte er jedoch, in welch reichem Maße die Insel über diese Schätze verfüge. Nach Hinweisen auf die aufgetretenen Schwierigkeiten und nach der Bitte um die Lieferung von Lebensmitteln schrieb er schließlich: *Zum Heile der Seelen der besagten Kannibalen, und auch der hier lebenden Indianer, entstand der Gedanke, daß es um so besser sein wird, je mehr herübergeschickt werden können, und dabei kann Ihren Hoheiten auf folgende Weise gedient sein: Da Sie gesehen haben, wie sehr hier Vieh und Saumtiere benötigt werden, um die hiesigen Einwohner zu unterstützen ... könnten Eure Hoheiten einer ausreichenden Anzahl Karavellen die behördliche Genehmigung erteilen, jedes Jahr hierher zu kommen und das besagte Vieh und anderes Versorgungsmaterial mit sich zu führen ... und dies könnte zu angemessenen Preisen und auf Kosten der Transporteure geschehen. Die Bezahlung für diese Dinge könnte in Sklaven erfolgen.*[101]

Kolumbus griff hier einen Gedanken auf und führte ihn konsequent zu Ende, den er bereits im *Bordbuch* hatte anklingen lassen. Der «Entdecker Amerikas» erscheint damit in keinem anderen Licht als die Vielzahl der wenig skrupelhaften Geschäftsleute seiner Zeit, die aus dem Handel mit Menschen, die als Ware begriffen wurden, ihre Profite schlugen – ein Geschäft, das Kolumbus allenfalls religiös verbrämte (*zum Heile der Seelen*). Zwar könnten jene überlieferten Sätze ihre Rechtfertigung darin finden, daß er gezwungen war, die wirtschaftliche Rentabilität der neuentdeckten Gebiete darzulegen. Jedoch ließ sich Kolumbus bereits zu derartigen Vorschlägen herab, als er noch darauf hoffte, in naher Zukunft die Schätze Hispaniolas für sich gewinnen zu können und darüber hinaus die Reichtümer Catais zu finden. Wohl aus dem unbedingten Willen heraus, seinen Rang und sein Ansehen zu behaupten, verfiel der Genuese auch später auf all die schrecklichen Untaten, mit denen die Kolonisierung der Neuen Welt einherging.

Am 12. März unternahm Kolumbus eine großangelegte Expedition ins Innere der Insel, nach Cibao, wo er systematisch die Goldvorkommen erkunden und ein Fort errichten wollte. Den Aufbruch mit allen gesunden Bewohnern von Isabela kommentierte Michele de Cuneo, ein Genueser Jugendfreund, der den Admiral begleitete, mit folgenden Worten: «Mit Hin-, Rückkehr und Aufenthalt blieben wir 20 Tage unterwegs; wir hatten sehr schlechtes Wetter, schlecht zu essen und noch schlechter zu trinken; aber die Gier nach dem genannten Gold hielt uns alle frohgemut und bei Kräften.»[102] Wiederum wurden sie von den Indianern reichlich mit Gold beschenkt. Weil man in den Sturzbächen der nach Las Casas paradiesischen Gegend einigen Goldsand gefunden hatte, ließ Kolumbus das Fort San Tomás bauen, um von dort «die Provinz in Frieden zu halten und den Christen, die das Gold holten, Schutz gegen Überfälle und Angriffe der Indianer zu bieten»[103].

Die Lage in Isabela hatte sich inzwischen dramatisch verschlechtert. Trotz einer teilweise guten Ernte waren die Nahrungsmittel knapp geworden, und noch immer starben Bewohner an Hunger, Erschöpfung und Krankheit. Zudem herrschte Zwist unter den Spaniern, den Kolumbus notgedrungen noch verschärfte, indem er auch die adeligen Hidalgos zu körperlicher Arbeit zwang. Böses Blut schuf er außerdem durch äußerst harte Urteile, wobei er selbst vor der Todesstrafe nicht zurückschreckte. Vor allem herrschte bei den Bewohnern Unmut darüber, daß es ihnen nicht erlaubt sein sollte, sich selbst die Goldschätze des Landes auf die eine oder andere Weise anzueignen. In dieser heiklen Situation faßte der Admiral den Entschluß, von neuem auf Entdeckungsreise zu gehen, wohl in der Hoffnung, mit der Entdeckung des Goldes von Catai neue Realitäten zu schaffen. Um die Lage auf Hispaniola unter Kontrolle zu wissen, schickte er unter dem Kommando Alonso de Hojedas alle marschfähigen Bewohner von Isabela nach San Tomás; von dort aus sollte unter der Führung von Mosén Pedro Margarit der größte Teil der bewaffneten Mannschaft auf Streifzüge gehen und sich dabei aus dem Lande ernähren. Mit dieser Anordnung glaubte der Admiral, die störrischen Männer beschäftigt zu halten, eine vorübergehende Lösung des Nahrungsproblems gefunden zu haben und zudem genaue Nachrichten über die Beschaffenheit des Inselinnern zu erhalten. Seinen über wenig Autorität verfügenden Bruder Diego setzte er als Oberhaupt über einen Rat ein, der bis zu seiner Rückkehr die Amtsgeschäfte auf Hispaniola führen sollte.

Kolumbus selbst ging am 24. April 1494 mit drei Karavellen ein weiteres Mal unter Segel, fuhr in Richtung Westen die Küste entlang, querte wenige Tage später die Windward-Passage und erreichte die Ostspitze Kubas, wo er Kurs nach Süden einzuschlagen befahl. «Am Samstag, den 3. Mai, beschloß der Admiral, von Kuba nach Jamaika zu segeln, um zu erforschen, ob sich dort wirklich so viel Gold vorfände, wie die Leute aller anderen Inseln behaupteten.»[104]

Drei Tage später gelangten die drei Schiffe nach Jamaika, das sie jedoch bereits eine Woche später wieder verließen, nachdem sich herausgestellt hatte, daß man keine «Goldinsel» (wie das schon auf der ersten Reise gesuchte «Babeque») gefunden hatte. Daher sollte der Süden Kubas weiter erkundet werden, und Kolumbus «hatte die Absicht, mindestens 500 oder 600 Seemeilen zurückzulegen»[105], um festzustellen, ob es sich bei Kuba um eine Insel oder um eine Catai vorgelagerte Halbinsel handelte. Nachdem mit einer seemännischen Meisterleistung das Labyrinth der «Jardines de la Reina» genannten Inselwelt durchschifft war, segelte die Flotte mit einiger Mühe die Südküste Kubas entlang. Davon vermittelt die folgende Beschreibung einen Eindruck: «Wir setzten unsere Reise fort und steuerten zwischen West und Südwest an der Küste entlang, denn der Herr Admiral glaubte, er befinde sich in der Nähe des Festlandes. Wir nahmen Kurs nach Norden, fuhren durch einen Golf und kamen zu der Meinung, es handele sich doch um eine Insel. Nachdem wir wieder in west-südwestlicher Richtung steuerten, sichteten wir nach etwa 60 Seemeilen Land und waren der Meinung, dieses sei nun das Festland. Wir hielten Kurs nach Nordwesten, um nach der Meinung des Herrn Admiral Kathai zu finden; wir gerieten wieder in einen Golf. Nun wendeten wir und setzten unseren Weg fort, kreuzten bald nach rechts, bald nach links und fanden ein anderes Inselmeer.»[106]

Etwa 50 Seemeilen von der Westspitze Kubas entfernt mußte Kolumbus schließlich dem Drängen seiner erschöpften Mannschaften nachgeben und die Rückfahrt antreten, da «die Schiffskiele, die häufig wegen der Untiefen den Grund berührten, beträchtlichen Schaden litten, Schiffstaue, Segel und sonstiges Takelwerk morsch waren; die Lebensmittel [...] feucht wurden, besonders der Schiffszwieback verdorben war»[107]. Somit blieb es dem Vizekönig der Indischen Lande versagt, einen zweiten glanzvollen Höhepunkt seines Lebens zu erreichen, nämlich die Straße von Yucatán zu überqueren und auf die hochentwickelten Kulturen der Maya oder der Azteken in Mittelamerika zu stoßen. (Woraufhin niemand hätte bestreiten können, daß er das «Reich des Großkhans» entdeckt hätte.) Noch ehe Kolumbus allerdings am 13. Juni den Befehl zur Rückkehr gab, vollzog er die absurdeste Handlung seines

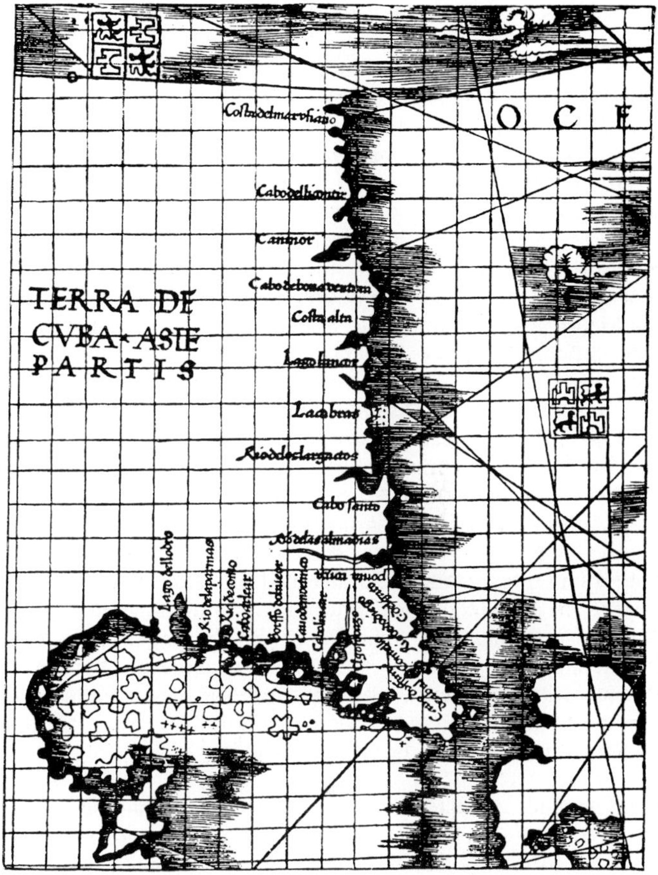

Landkarte von Martin Waldseemüller mit Kuba als Teil Asiens, 1516

schillernden Lebens: Schriftlich ließ er die Besatzungen der drei Schiffe einen Eid darauf ablegen, daß man sich auf dem indischen Festland befinde und folglich auf dem Landweg nach Spanien gelangen könne; Zweifelnde würde er von der Richtigkeit dieser Behauptung überzeugen. Die Männer an Bord unterschrieben die Erklärung natürlich gern, da sie sich damit die Heimkehr nach Isabela sicherten, auch wenn sie sich verpflichten mußten, niemals das Gegenteil zu behaupten; sollten sie es dennoch tun, drohte ihnen eine Geldstrafe oder das Abschneiden der Zunge. Wie sich dem Bericht des Michele da Cuneo entnehmen läßt, wollte Kolumbus mit diesem Vorgehen wohl die Möglichkeit ausschließen, daß sich das spanische Königshaus entscheiden könnte, «das ganze Unternehmen aufzugeben»[108], also die Kolonialisierung einer Weltgegend einzustellen, in der sich möglicherweise allein die bis dahin entdeckten und nicht wirklich gewinnträchtigen Westindischen Inseln befanden.

Die Rückreise nach Isabela dauerte dreieinhalb lange Monate und strapazierte die Kräfte der Mannschaften so sehr, daß von Kolumbus der Satz überliefert ist, es vergehe kein Tag, an dem er nicht befürchten müsse, sie alle stünden vor dem Ende ihres Lebens.[109] Durch gefährliches Fahrwasser und gegen widrige Winde erreichten die ausgehungerten Besatzungen erst Mitte Juli den östlichen Teil Kubas. Von dort steuerten sie noch einmal Jamaika an, segelten an dessen Südküste entlang und erreichten am 20. August wieder Hispaniola. Nachdem der Admiral neun Männer zur Benachrichtigung nach Isabela ausgesandt hatte, schlug er allerdings nicht den direkten Weg zum Norden der Insel ein, sondern machte sich auf, auch die Südküste Hispaniolas zu erkunden. Als einen Monat später die Ostspitze der Insel erreicht war, hatte Kolumbus sich als nächstes Ziel gesetzt, weiter in Richtung Osten zu segeln, «um die Insel der Kannibalen zu verwüsten und all ihre Kanus zu verbrennen, damit diese Menschen nicht weiterhin ihren Nachbarn Schaden tun könnten wie reißende Wölfe den Schafen»[110]. Spätestens zu dieser Zeit muß er einer fiebrigen Erkrankung zum Opfer gefallen sein, die bald zum völligen Kollaps führte. Kolumbus litt seit einiger Zeit unter Gicht, und infolge der außerordentlichen Anstrengungen der Fahrt war er «im Nu der Sehkraft, der Sinne und des Gedächtnisses beraubt»[111]. Wohl auf Grund eines Nervenzusammenbruchs wirkte er nach Las Casas wie tot. Von der zuvor entdeckten Insel Mona aus trat die kleine Flotte endlich die Heimreise an und traf am 29. September wieder in Isabela ein.

Die Lage auf der Insel hatte sich in der Abwesenheit des Kolumbus außerordentlich verschärft. Der bewaffnete Trupp unter der Führung des Margarit hatte auf der Suche nach Gold Angst und Schrecken unter den Indianern verbreitet. Rücksichtslos waren in den Dörfern die Lebensmittelvorräte geplündert, die Frauen mißhandelt und die Männer zu Sklavendiensten gezwungen worden. Hojeda und seine Männer im Fort San Tomás hatten sich auch nicht anders verhalten und sich ebenfalls die Indianer zu erbitterten Feinden gemacht. Zudem waren einzelne Trupps auf eigene Faust losgezogen, um Gold zu suchen oder dieses von den Eingeborenen zu erpressen. In der Siedlung Isabela wiederum herrschten noch immer Krankheit und Hunger, und zur Unzufriedenheit der Bewohner gesellten sich stets von neuem Zwist und Streit. Obwohl während der Abwesenheit des Admirals unter der Führung seines Bruders Bartolomé drei Schiffe mit Proviant und dringend benötigtem Ausrüstungsmaterial aus Spanien eingetroffen waren, entstand bald wieder Mangel an Lebensmitteln. (Bartolomé hatte am französischen Königshof von der «Entdeckung der Indischen Lande» erfahren, und nachdem er in Spanien als Bruder des Vizekönigs ebenfalls Rang und Namen erhalten hatte, führte er die dringlich angeforderten Versorgungsschiffe über den Atlantik.) Schließlich kam es zum offenen Aufstand: Als der von Kolumbus eingesetzte Rat unter dem machtlosen Vorsitzenden Diego gegen die grausamen Methoden der Kolonisten einzuschreiten versucht hatte, war es deswegen zu einer schweren Auseinandersetzung mit Margarit gekommen, der hartnäckig auf den ihm erteilten Vollmachten bestand. Im Handstreich hatte sich daraufhin ein Großteil der Spanier unter der Führung des erbosten Margarit der drei Karavellen Bartolomés bemächtigt und war nach Spanien zurückgesegelt. (Angestachelt von Pater Buil malten sie fortan Kolumbus' Herrschaft auf Hispaniola und die Lebensbedingungen auf der Insel in den schwärzesten Farben.)

In dieser desolaten Situation traf im Oktober 1494 Antonio de Torres mit vier Schiffen wieder in Hispaniola ein, wodurch sich die Versorgung der Kolonisten für einige Zeit verbesserte. Torres überbrachte dem nur langsam genesenden Admiral ein Schreiben der spanischen Könige, worin die Monarchen ihren Schützling um persönliche Berichterstattung bei Hofe baten und ihm alles in allem auch weiterhin ihre uneingeschränkte Unterstützung zusagten. Nach seiner Gesundung setzte Kolumbus alles daran, die teilweise anarchischen Zustände in Isabela und San Tomás wieder zu ordnen. Zusammen mit seinem Bruder Bartolomé, den er kraft seiner Befugnisse als Vizekönig zum Statthalter («Adelantado») von Hispaniola ernannt hatte, ging er nun gegen die eingeborene Bevölkerung vor, der er die Verantwortung für bestimmte Untaten anlastete, die nur als Reaktion auf die Ausschreitungen der Spanier zu verstehen waren.

Die Lage hatte sich schon längst so weit zugespitzt, daß nicht mehr daran zu denken war, die Indianer mit friedlichen Mitteln zu gewinnen, denn da «der größte Teil der Christen zahllose Übergriffe begangen hatte, wurden sie deshalb von den Indianern tödlich gehaßt, und die Eingeborenen weigerten sich, wieder in ihren Gehorsam zurückzukehren»[112]. Unter dem Befehl des Kolumbus brach eine Strafexpedition auf, und mit ihr begann das schwärzeste Kapitel in der Kolonialgeschichte der Neuen Welt; die Unterdrückung und Ausrottung der ursprünglichen Bevölkerung.

Von Beginn wurde der Kampf gegen die Indianer auch aus wirtschaftlichen Interessen heraus geführt. So trieb man einige hundert Indianer auf die vier Karavellen des Torres, die am 24. Februar 1495 ausliefen. Diese Indianer waren im Gefolge der Strafaktionen gefangengenommen und nach Isabela verschleppt worden; sie galten als Kriegsbeute und konnten nach allgemeiner Auffassung als Sklaven verkauft werden. Die menschenverachtende Einstellung gegenüber den Indianern (die meisten Überlebenden der Fahrt starben kurze Zeit später in Spanien) zeichnet sich in der Schilderung des Michele da Cuneo ab, der an Bord eines der

Schiffe die Heimreise antrat: «Wir versammelten in unserer Ansiedlung 1600 Indianer, Männer und Frauen, wählten die besten unter ihnen aus und brachten sie auf die Karavellen. [...] Aus den übrigen durfte sich jeder seine Leute nach Belieben auswählen, und so wurde es gemacht. Als alle versehen waren, blieben noch über 400 übrig, welche die Erlaubnis erhielten, hinzugehen, wo es ihnen beliebe. Unter diesen waren viele Frauen mit Säuglingen an der Brust. Da sie Angst hatten, wir würden auch sie ergreifen, ließen sie, um besser vor uns fliehen zu können, die Kinder auf der Erde zurück, liefen verzweifelt davon und flohen sieben oder acht Tagereisen über Berge und sehr große Flüsse von unserer Ansiedlung Isabela fort, so daß man kaum weitere von ihnen wird haben können.»[113]

An Bord befand sich im übrigen auch Kolumbus' Sohn Diego, der am Königshof die Lage in Hispaniola erläutern und die Sache des Vizekönigs und Statthalters vertreten sollte. Denn auf den von Torres geführten Karavellen traten abermals etliche Spanier die Heimreise an, die sich in der Neuen Welt rasches Glück versprochen hatten und bitter enttäuscht worden waren. Es war daher zu erwarten, daß den spanischen Königen von neuem schwere Klagen zu Gehör kommen würden, nachdem bereits Pater Buil, Margarit und die übrigen der einige Monate zuvor abgereisten Männer heftige Anschuldigungen und üble Verleumdungen vorgebracht hatten.

Es galt daher für den Vizekönig, sich in jeder Hinsicht als Herr der Lage in seinem Herrschaftsbereich darstellen zu können. So begannen die Spanier Anfang des Jahres 1495, die indianische Bevölkerung systematisch und gewaltsam zu unterwerfen. Anlaß dazu bot der Versuch des Kaziken Caonabó, die sie drangsalierenden Spanier mit der Übermacht seiner Untergebenen von der Insel zu vertreiben, denn «wenn man nämlich die Christen nicht bis zum letzten Mann vertilge, würden bald alle Inselbewohner deren Sklaven sein»[114]. Am 24. März führte Kolumbus etwa 200 Mann gegen etliche tausend Indianer in die Schlacht. Innerhalb kurzer Zeit wurden die nackt und nur mit einfachen Waffen kämpfenden Eingeborenen von den wohlausgerüsteten Spaniern niedergemacht, die mit Reitern und Bluthunden den Kampf angetreten hatten. Während der nächsten Monate folgten weitere Kämpfe und vereinzelte Gefechte; auf der Insel wurden drei zusätzliche Forts errichtet, die als Stützpunkte für die Unterwerfung der jeweiligen Stämme dienten. Als zudem im Juni jenes Jahres ein Hurrikan alle im Hafen von Isabela liegenden Schiffe bis auf die mittlerweile ehrwürdige «Niña» zerstörte und somit die Entsendung einer Flotte nach Spanien nicht möglich war, richtete sich die Aufmerksamkeit der Siedler noch stärker darauf, die Eingeborenen unter ihre Knute zu zwingen und ihnen neben den Nahrungsvorräten ihren Besitz an Goldschmuck zu rauben.

Bald war der Widerstand der Indianer vollends gebrochen, und der Kolumbus-Sohn Fernando schrieb dazu später: «Das Gebiet blieb so friedlich, daß von jener Zeit an ein einzelner Christ ungefährdet hingehen konnte, wo es ihm beliebte; die Indianer selbst führten ihn und trugen ihn auf ihren Schultern, wie es dort üblich ist.»[115] Die Schilderung der Unterwerfung Hispaniolas verknüpft Fernando mit den Gedanken seines Vaters, der, gleich den übrigen Kolonisatoren, die Dezimierung der eingeborenen Bevölkerung durchaus begrüßte, allerdings aus seiner schwärmerischen Religiosität heraus selbst in diesem Fall den göttlichen Willen bemühte: «Das alles [die «Befriedung» Hispaniolas] schrieb der Admiral der Gnade Gottes zu und dem günstigen Geschick der Katholischen Könige. Er hätte es sonst für unmöglich erachtet, daß 200, zudem noch halbkranke und schlechtbewehrte Männer ausgereicht hätten, eine solche Menge im Zaum zu halten. Die göttliche Majestät gab sie nicht nur in ihre Hand, sondern sandte ihnen auch noch so große Not an Lebensmitteln und Krankheiten so schwerer und verschiedener Art, daß sie auf ein Drittel ihrer früheren Zahl zusammenschrumpften. Dadurch trat nur um so klarer zutage, daß durch Gottes Hand und Seinen hohen Willen allein solche wunderbaren Siege und die Unterjochung von Völkern möglich sind, nicht aber durch unsere Kraft und unseren Willen oder ihren Kleinmut.»[116]

Im Oktober 1495 traf eine weitere Versorgungsflotte aus Spanien ein; und an Bord befand sich diesmal mit Juan de Aguado ein hoher königlicher Beamter, der die Verhältnisse auf Hispaniola untersuchen sollte. Denn die Berichte, Klagen und Anschuldigungen der bis dahin wieder heimgekehrten Mannschaften hatten das Königshaus nicht unbeeindruckt gelassen. Aguado führte ein königliches Schreiben mit sich, das ihn mit dem Recht versah, die Siedler in Isabela zu befragen und ihre Aussagen zu protokollieren. Der Vizekönig und Statthalter wurde hingegen mit keinem Wort erwähnt. Für Kolumbus bedeutete die Anwesenheit Aguados eine Einschränkung seiner Souveränität; in erbitterten Auseinandersetzungen versuchte er seine Autorität zu behaupten. Aguado hielt sich jedoch an seinen Auftrag, und die Bewohner Isabelas nahmen den Autoritätsverlust des eigenwilligen Admirals sicher nicht ungern hin. Kolumbus fühlte seinen Stern im Sinken, und es galt für ihn mehr als je zuvor, sich in seiner Position zu behaupten. Auf Gedeih und Verderb sah er sich wohl dazu gezwungen, seine Rolle als Vizekönig durch finanzielle Erfolge abzusichern. Die verzweifelt gesuchten, unendlich reichen Goldminen waren jedoch noch immer nicht gefunden worden, auch wenn unter der Führung des Bartolomé wieder einmal eine Expedition zu deren Suche aufgebrochen war.

Um daher wenigstens die geringen Goldvorkommen auf Hispaniola ausbeuten zu können, wurde die eingeborene Bevölkerung mit Hilfe eines perfiden Systems zur Arbeit für die Kolonisten gezwungen. Damit wurde das spätere Verfahren vorweggenommen, die Indianer als Arbeitssklaven zugrunde zu richten. «Der Admiral unterwarf sie zu solchem Gehorsam, daß alle versprachen, den Katholischen Königen alle drei Monate Tribut zu entrichten. Von den Einwohnern Cibaos, wo sich die Goldminen befanden, sollte jede Person über vierzehn Jahre ein großes Gefäß voll Goldstaub entrichten, und alle anderen Leute je 25 Pfund Baumwolle. Um zu wissen, wer diesen Tribut zu zahlen hatte, wurde angeordnet, eine Münze aus Kupfer oder Messing herzustellen, die überallhin gesandt wurde und die jeder um den Hals tragen mußte, so daß man sah, daß einer, der diese Münze nicht trug, seinen Tribut nicht entrichtet hatte und man ihn bestrafen konnte.»[117] Die Indianer waren jedoch nie und nimmer in der Lage, diese weit überzogenen Forderungen zu erfüllen. Es blieb ihnen nur die fatale Wahl, sich härtester, ihre Kräfte aufzehrender körperlicher Arbeit zu unterwerfen, sich in unwirtliche Gebiete der Insel zurückzuziehen oder sich auf einen aussichtslosen Kampf gegen die Spanier einzulassen, den diese immer rücksichtsloser führten.

Kolumbus wartete wohl noch den ersten Termin ab, zu dem die verlangten Abgaben entrichtet werden mußten, wie dies aus einer späteren Darstellung hervorgeht, in der sich der Satz findet: *Ich bekam diesen Tribut bis zu meiner Abreise nach Kastilien.*[118] Daraufhin wurden Anfang März 1496 zwei Schiffe für die Fahrt nach Spanien ausgerüstet, eines davon wurde aus Wrackteilen gebaut. Wohl mit beträchtlichen Mengen Gold versehen, schiffte sich Kolumbus ein, um seine Angelegenheiten persönlich vor dem Königshaus zu vertreten. Sein selbstgerecht klingender Kommentar dazu lautet: *Zur Strafe für meine Sünden, oder vielmehr zu meiner Erlösung, geschah es, daß mir Haß entgegengebracht und allem, was ich sagte oder verlangte, Widerstand geleistet wurde. Aus diesem Grunde beschloß ich, bei Euren Hoheiten vorstellig zu werden, um mein Erstaunen über diese Vorgänge auszudrücken und darzulegen, wie ich in allen Dingen recht gehabt habe.*[119] Seinen Bruder Bartolomé ließ er als Gouverneur zurück und übergab zudem in einem verhängnisvollen Entschluß ein weiteres wichtiges Amt einem gewissen Francisco Roldán, der später zum widerspenstigen Rebellenführer werden sollte. Auch ordnete Kolumbus an, eine neue Hauptstadt im Süden der Insel zu gründen. Die neue Siedlung Santo Domingo besaß in der Tat einige Vorzüge: Das Klima war erträglicher als in Isabela, dessen Umgebung zudem kaum mehr Nahrungsmittel für die Spanier hergab; Santo Domingo verfügte über einen sicheren Ankerplatz und lag näher an den erhofften Goldminen im Inselinnern.

Auf den beiden kleinen Karavellen, die noch im März 1496 in See stachen, drängten sich in unvorstellbarer Enge außer den Besatzungen noch 200 Spanier, beinahe alle krank, die das vermaledeite «Indien» wieder verlassen wollten, und 30 indianische Gefangene. Erst nach einer fast dreimonatigen Reise, die durch eine Landung auf Guadeloupe unterbrochen werden mußte, erreichten die Schiffe am 11. Juni 1496 Cádiz, nachdem Kolumbus wie zuvor Torres direkt nach Osten gesteuert und dabei in die Zone des Nordostpassats geraten war.

Exkurs: Einige Anmerkungen zur Kolonisationsgeschichte Amerikas

Im gesamten Raum der Karibik lebten vor der Ankunft der Europäer etwa 750 000 Menschen, wenigstens ein Drittel davon auf Hispaniola. Der größte Teil der Bevölkerung zählte zu den Aruak, einem friedlichen Indianervolk, das heutzutage als ausgerottet gilt. Einen geringen Teil machten die Kariben aus, die auf Grund ihrer isolierten Siedlungsgebiete und ihrer Bereitschaft zum Widerstand der Vernichtung um etliche Jahrzehnte entgingen. Der Kannibalismus, den sie praktizierten, lieferte jedoch bald eine äußerst willkommene Rechtfertigung für das grausame Vorgehen gegen die Indianer insgesamt. Zu Beginn des 16. Jahrhunderts diente Hispaniola als Ausgangspunkt der Kolonialisierung Amerikas;

Indianer als Menschenfresser. Holzschnitt in der «Epistola Christofori Colom ...», Rom 1493

Francisco Pizarro.
Zeitgenössisches Bildnis

von hier brachen Männer wie Hernán Cortés, Francisco Pizarro und Vasco Nuñez de Balboa zu ihren Entdeckungsfahrten in der Neuen Welt auf. Jedoch rückte die Insel schon vor der Mitte des 16. Jahrhunderts aus dem Blickfeld der Kolonisatoren, die sich auf der Jagd nach Gold zuerst nach Kuba und schließlich nach Mittelamerika wandten. Die Goldvorkommen auf der ausgepowerten Insel waren bereits um das Jahr 1550 erschöpft; die weitere Zukunft Hispaniolas, wie nahezu des gesamten karibischen Raums, stand im Zeichen des Zuckerrohrs, zu dessen Anbau aber Tausende afrikanische Sklaven in die sich entvölkernden Gebiete Westindiens verschleppt wurden.

Die Vernichtung der ursprünglichen Bevölkerung Hispaniolas drückt sich in erschreckenden Zahlen aus: Nach einer Zählung im Jahr 1508 lebten auf Hispaniola nur noch 60 000 Eingeborene; und wenn im Jahr 1548 Oviedo in seiner «Historia general de las Indias» anführte, daß dort nicht einmal mehr 500 Indianer am Leben seien, dann belegt diese Angabe, daß die Aruak auf Hispaniola bereits zu jener Zeit fast vollständig ausgerottet waren. Wie bei der Kolonialisierung des übrigen Amerika vorgegangen wurde, spiegelt sich ebenfalls deutlich in Zahlen wider: So wird etwa geschätzt, daß sich im Gebiet Neu-Spaniens (von Kalifornien bis Nicaragua) die indianische Bevölkerung zwischen 1519 und etwa 1610

Vasco Nuñez de Balboa. Kupferstich des 16. Jahrhunderts

von ca. 25 Millionen auf wenig mehr als eine Million Menschen reduzierte.[120] (Später sollte dann die indianische Bevölkerung dieses Raumes wieder zunehmen.)

Die Ausrottung der Indianer in Amerika stellt also im Grund einen Genozid dar, wenn er auch nicht systematisch betrieben wurde. Dabei ist besonders die Art und Weise hervorzuheben, in der die Kolonialherren mit der Bevölkerung verfuhren. Ein Beispiel für das barbarische Wüten der Spanier auf Hispaniola gibt Las Casas, der «Indianerapostel»: «Sie drangen unter das Volk, schonten weder Kind noch Greis, weder Schwangere noch Entbundene, rissen ihnen die Leiber auf, und hieben alles in Stücken, nicht anders, als überfielen sie eine Herde Schafe, die in den Hürden eingesperrt wäre. Sie wetteten mit einander, wer unter ihnen einen Menschen auf einen Schwertstreich mitten von einander hauen, ihm mit einer Pike den Kopf spalten, oder das Eingeweide aus dem Leibe reißen könne. Neugeborene Geschöpfchen rissen sie bei den Füßen von den Brüsten ihrer Mutter, und schleuderten sie mit den Köpfen wider die Felsen. Andere schleppten sie bei den Schultern durch die Straßen, lachten und scherzten dazu, warfen sie endlich ins Wasser und sagten: da zapple nun, du kleiner schurkischer Körper! Andere ließen Mutter und Kind zugleich über die Klinge springen, und stießen sie mit den Füßen vor

Die Greueltaten der Spanier. Kupferstich in: Bartolomé de Las Casas: Historia general de las Indias, 1598

sich hin. Sie machten auch breite Galgen, so, daß die Füße beinahe die Erde berührten, hingen zu Ehren und zur Verherrlichung des Erlösers und der zwölf Apostel je dreizehn und dreizehn Indianer an jedem derselben, legten dann Holz und Feuer darunter, und verbrannten sie alle lebendig. Anderen banden oder wickelten sie dürres Stroh um den Körper, zündeten es an, und verbrannten sie. Anderen, die sie bloß deswegen am Leben ließen, hieben sie beide Hände ab, banden sie ihnen an, jagten sie so dann fort, und sagten: gehet hin (wohl zu merken) mit diesem Sendschreiben, und bringt euren Landsleuten, die sich ins Gebirge geflüchtet haben, etwas Neues! Große und Edle brachten sie gewöhnlich folgendergestalt um: sie machten Roste von Stäben, die sie auf Gabeln legten, darauf banden sie die Unglücklichen fest, und machten ein gelindes Feuer darunter, bis sie nach und nach ein jämmerliches Geschrei erhoben, und unter unsäglichen Schmerzen den Geist aufgaben.»[121]

Diese menschenverachtende Art und Weise, mit der die Spanier gegen die indianische Urbevölkerung vorgingen, findet ihre Erklärung zum einen in der wirtschaftlichen wie geographischen Situation des neuen Erdteils, der in seiner Ferne und Größe den Spaniern wie ein riesiges Betätigungsfeld für Plünderungen vorkam. In einem quasi gesetzlosen

Raum konnten sich Glücksritter und Profiteure tummeln, die in ihrer Habgier wahrlich über Leichen gingen, wobei die ersehnten Schätze (jenes «gesegnete Gold»[122]!) in der Hauptsache nur mit Hilfe von Sklavenarbeit gewonnen werden konnten. Zum anderen läßt sich auf die spanische Geschichte verweisen, die auf dem Weg zum Nationalstaat in die verhängnisvolle Inquisition mündete, in der alles Nicht-Christliche als feindlich galt. Der Kampf gegen die Mauren hatte kriegserprobte Hasardeure hervorgebracht, die als verarmte Hidalgos (Cortés) und besitzloses Landvolk (Pizarro) die Reconquista als «Conquista» in der Neuen Welt fortsetzten. In Amerika sollten sie dann allerdings auf einen Gegner treffen, dem sie militärisch in allen Belangen überlegen waren. Denn im Vergleich zu den Spaniern, die mit Musketen und Schwertern, auf Pferden, die den Indianern unbekannt waren, und mit den gefürchteten Bluthunden kämpften, waren die Kriege der nackten Eingeborenen «nur als Klopffechtereien und Kinderspiel zu betrachten»[123].

Von einer eigentlichen «Kolonisation» Amerikas konnte lange Zeit überhaupt nicht die Rede sein, da die Spanier einzig und allein darauf bedacht waren, die neuentdeckte Weltgegend auszubeuten. In den von Europa weit entfernten Gebieten brauchte man sich keine Rücksichten aufzuerlegen, wenn es darum ging, innerhalb kurzer Zeit enormen Reichtum zusammenzuraffen. Für die Ausrottung der Indianer war, abgesehen von deren direkter physischer Vernichtung, vor allem das System der «encomienda» verantwortlich, das symptomatisch für das menschenverachtende Ziel der Kolonialherren stand, sich mit geringstem finanziellem Einsatz auf dem schnellstmöglichen Weg zu bereichern: Danach wurden jedem Siedler für eine bestimmte Zeit des Jahres eine Anzahl Indianer «anvertraut», der über diese seine Schutzherrschaft ausüben durfte und ihnen christliche Fürsorge angedeihen lassen sollte. Als Gegenleistung mußten sich die Indianer in den Frondienst des «encomendero» begeben. «Wenn sie von den Goldminen zur Feldarbeit zurückkehren, die sie zur entsprechenden Jahreszeit betreiben müssen, um einer Hungersnot vorzubeugen, empfangen sie ihr Entgelt: Der eine ein Hemd, der andere ein Untergewand, der dritte einen Mantel oder einen Hut. Denn an den Sachen haben sie ihre Freude, und sie gehen auch nicht mehr nackt einher.»[124] Bei der «encomienda» handelte es sich um ein kaschiertes, mörderisches Zwangssystem, das es den Spaniern im Namen der christlichen Zivilisation erlaubte, sich der Arbeitskraft der Eingeborenen nahezu kostenlos zu bedienen. Zu Tausenden starben die Indianer in den Goldminen; sie verhungerten oder entzogen sich der Zwangsarbeit, indem sie etwa mit Hilfe ihnen bekannter Pflanzengifte den Freitod wählten. (Zudem wurde die eingeborene Bevölkerung durch in Amerika unbekannte Viruserkrankungen wie Grippe, Pocken oder Masern dahingerafft, die aus Europa eingeschleppt wurden.) «Diese Sorgfalt oder Seelensorge, welche sie auf dieselben verwendeten, bestand darin, daß sie die Mannspersonen in die Bergwerke schickten, um Gold zu graben, welches eine fast unerträgliche Arbeit ist. Die Weibsleute schickten sie auf ihre sogenannten Stationen oder Meiereien, wo sie den Feldbau besorgen mußten; eine Arbeit, die nur für starke und rüstige Mannspersonen gehört. Diesen, wie jenen, gaben sie nichts anders zu essen, als Kräuter und dergleichen Sachen, die keine Kraft haben. Säugenden Müttern vertrocknete die Milch in den Brüsten, und in kurzer Zeit starben alle kleinen Kinder dahin. Die Männer mußten ganz abgesondert leben, durften nicht den mindesten Umgang mit den Weibern haben; mithin hörte die Fortpflanzung gänzlich auf. Jene kamen vor Arbeit und Hunger in den Bergwerken um; und diese starben auf die nämliche Art in den Meiereien und sogenannten Stationen.»[125]

Besonders die Ernährung wurde von Beginn an als Mittel zur Unterdrückung der eingeborenen Bevölkerung eingesetzt. In ihrem Kampf gegen die Spanier hatten zum Beispiel die Indianer auf Hispaniola zuerst noch versucht, den Eindringlingen die Nahrungsgrundlage zu entziehen. Sie bebauten ihre eigenen Felder nicht mehr, ein Vorgehen, das Hungersnöte hervorrief und bald auf sie selbst zurückschlug. Fast von den Anfängen an gehörte es hingegen zu den Mitteln der Kolonialherren, die Indianer bewußt dem Hunger auszuliefern, indem sie nicht nur deren Vorräte verbrauchten (nach Las Casas «verzehrt und verschlingt ein Spanier oft in einem einzigen Tage, was für drei Familien, jede zu zehn Personen gerechnet, auf einen ganzen Monat genügt»[126]), sondern auch rücksichtslos deren Pflanzungen vernichteten. In diesem Zusammenhang gewinnt auch der Hinweis große Bedeutung, daß die Ackerbaumethoden der Indianer auf den Inseln wenig produktiv waren; im Vergleich erwirtschaftete etwa ein spanischer Bauer selbst unter dem feudalen System seiner Zeit einen dreißigfach höheren Ertrag.

Das Los der Indianer entschied sich am Ende jedenfalls unter dem System der «encomienda», als sie, zur Sklavenarbeit gezwungen, ihre Felder nicht mehr bebauen konnten und von ihren «Schutzherren» nur völlig unzureichend ernährt wurden, wenn sie nicht gar selbst für ihre Verpflegung zu sorgen hatten. Die Kinder der verschleppten und zu Tode geschundenen Eltern blieben außerdem oft auf sich selbst angewiesen zurück, so daß Las Casas zum Beispiel von Kuba berichtete, dort seien während seines Aufenthalts binnen drei oder vier Monaten 7000 Kinder vor Hunger gestorben, weil ihre Väter und Mütter in die Bergwerke geschickt wurden.[127]

Auf dieser «Kolonisation» ruhte im übrigen von Beginn an der Segen einer christlichen Kirche, die in Spanien im Verlauf des 15. Jahrhunderts weit stärker als in jedem anderen Teil Europas sittlich verfiel. Auch wenn die Völker, die missioniert werden sollten, in die Sklaverei geführt wurden, so stand dies nicht im Gegensatz zum christlichen Ideal der «Nächstenliebe». Denn die von der Kirche im gesamten Mittelalter gutgeheißene Versklavung von Menschen war von Papst Nikolaus V. im Jahr 1454 in der Bulle «Romanus Pontifex» sogar sanktioniert worden. Nach der geltenden Moraltheologie war den «Heiden» ohnehin die ewige Verdammnis gewiß. Darüber hinaus war die auf Missionierung bedachte christliche Kirche in entschiedener Weise an der Unterdrückung der eingeborenen Bevölkerung beteiligt. Dabei konnte sich die Kolonisation auf die von Papst Alexander VI. im Jahr 1493 vollzogene Einteilung der Erde berufen, die in rechtlicher Hinsicht eine Übereignung der betreffenden Weltgebiete bedeutete.

Die Methode der Missionierung wird durch die sogenannte «Konquistadorenproklamation» («requerimiento») überaus deutlich, die den Indianern als Legitimation für ihre Bekehrung und damit einhergehende Unterwerfung vorgetragen wurde: «Gott der Herr hat dem Petrus und seinen Nachfolgern die Gewalt über alle Völker der Erde übertragen, so daß alle Menschen den Nachfolgern Petri gehorchen müssen. Nun hat einer dieser Päpste die neuentdeckten Inseln und Länder mit allem, was es darauf gibt, den spanischen Königen zum Geschenk gemacht, so daß also ihre Majestäten kraft jener Schenkung Könige und Herren dieser Inseln und des Festlandes sind. Ihr werdet nunmehr aufgefordert, die heilige Kirche als Herrin und Gebieterin der ganzen Welt anzuerkennen und dem spanischen Könige als eurem neuen Herrn zu huldigen. Andernfalls werden wir mit Gottes Hilfe gewaltsam gegen euch vorgehen und euch unter das Joch der Kirche und des Königs zwingen, wie es sich rebellischen Vasallen gegenüber gehört. Wir werden euch euer Eigentum nehmen und euch, eure Frauen und Kinder zu Sklaven machen. Zugleich erklären wir feierlich, daß nur ihr an dem Blut und an dem Unheil schuld seid, das dann über euch kommen wird.»[128] Wenn sich also die christlichen Konquistadoren in jeder Hinsicht auf die Unterstützung der Kirche verlassen konnten, die ihnen trotz aller begangenen Untaten stets die Absolution erteilte (es sei an dieser Stelle auf das hinlänglich bekannte Phänomen der engen Verbindung zwischen gewalttätigem Verhalten und strikter Frömmigkeit verwiesen), so wirkte sich die Bekehrung selbst noch obendrein demoralisierend aus: Den Indianern wurde nämlich im Jenseits ein Paradies versprochen, auf Erden aber waren sie zu Demut und Gehorsam gegenüber ihren Herren verpflichtet.

Zu dieser Entwicklung, die zur Ausrottung ganzer Volksgruppen führte, trug auch Kolumbus einen erheblichen Teil bei, obwohl der Admiral auf Hispaniola wenigstens zu Beginn mit allen Mitteln versucht hatte, die Übergriffe der Spanier gegen die Indianer zu unterbinden. Auch aus diesem Grund waren ständig Rebellionen gegen ihn aufgeflammt, die er schließlich nicht mehr unter Kontrolle halten konnte. Das Aufbegehren der Kolonialisten gegen ihren Vizekönig entzündete sich an seinem Vorsatz, das Land in einer Weise auszubeuten, die auf planvolles Vorgehen angelegt war. Dazu hätte er eine Gefolgschaft benötigt, die seinen Anordnungen und Befehlen Folge leistete. Jedoch hatten sich nach «den Indien» immer nur Männer begeben, die *das Gold mit vollen Händen schöpfen*[129] und die sich durch keine Anweisung einschränken lassen wollten. *Unter allen diesen befinden sich keine sechs, die nicht vorhaben, so viel Geld als möglich zu sammeln, um sich dann bei der ersten Gelegenheit davonzumachen.*[130] Kolumbus' Ziel war demnach die geordnete Unterwerfung des Landes, der das individuelle Interesse der einzelnen Spanier nach möglichst rascher Bereicherung entgegenstand. *Sie haßten mich auch, weil ich ihnen nicht erlauben wollte, nur zu zweien oder zu dreien oder gar allein das Land zu durchstreifen, wie sie bereits begonnen hatten; da in ähnlichen Fällen die Indianer schon viele von ihnen getötet hatten und noch weitere töten würden, wenn sie nicht durch mich davor behütet worden wären. Unter solchen Umständen wäre die Kühnheit der Eingeborenen derart groß geworden, daß sie mich schließlich von der Küste vertrieben hätten, ohne daß es zu einer Schlacht gekommen wäre, wenn mir nicht Gott geholfen hätte.*[131] Wenn der Admiral anfänglich gewisse Rechte der Indianer anerkannte, so geschah dies einzig aus der Absicht heraus, sie in organisierter Form zu dienenden Untertanen zu machen, denn nur auf diese Weise ließ sich ihnen ein möglichst großer Ertrag abpressen. Das von Kolumbus auf Hispaniola eingeführte Tributsystem, das jeden einzelnen Eingeborenen zu allerhärtester Fron zwang und das nur auf Grund der anarchischen Zustände unter den Spaniern nicht wirklich geordnet durchgeführt werden konnte, stempelt ihn exemplarisch zu einem jener bedenkenlosen Geschäftsmänner seiner Zeit. So stellte er beispielsweise auch eine genaue Berechnung darüber an, wie pro Jahr 4000 Sklaven und 4000 Zentner Holz nach Spanien verschifft und dort gewinnbringend verkauft werden könnten.

Nur in der Qualität unterschied sich der Genuese also von all jenen berüchtigten Konquistadoren, die auf der Suche nach Gold die indianischen Kulturen rücksichtslos überrannten. Kolumbus' Unterdrückung der Bevölkerung war schon auf Systematik angelegt, wie sie sich in dem späteren System der «encomienda» manifestierte; und da der Vizekönig der Indien stets danach trachtete, seine Machtposition durch wirtschaftlichen Erfolg zu untermauern, finden sich bei ihm auch all jene Maßnahmen ausgeführt oder vorgedacht, welche die Politik der Kolonialherren bestimmen sollten. Diese Vorgehensweisen reichten von der Versklavung der einheimischen Bevölkerung bis zu deren physischer Vernichtung; und zur Unterwerfung des Landes wurde selbst auf Methoden wie den bewußten Einsatz des Alkohols zurückgegriffen oder auf das Schüren von Intrigen unter den verschiedenen Indianergruppen: «In seinem Entschluß wurde der Admiral auch noch durch die Erwägung bestärkt, die Zwietracht unter den Häuptlingen erleichtere ihm die Unterjochung des Landes.»[132] Zum Bild des Kolumbus als Kolonisator gehört schließlich auch seine fanatische Religiosität, die für sein Leben in einem solchen Maß bestimmend war, daß ihn selbst die Berechnung, wieviel Gold er den Indianern abpressen könnte, um damit das heilige Grab zu befreien (s. S. 140), in keinen Widerspruch verwickelte. Ganz im Sinne seiner Zeit sprach er auch später aufrichtig *von dem Dienst, den wir Unserem Herrgott durch die Rettung so vieler Seelen leisteten*[133].

Die dritte und die vierte Fahrt

Einen Monat nach der Ankunft in Cádiz erhielt Kolumbus die Einladung an den Königshof. Bis dahin hatte er in Sevilla im Haus des Paters Andrés Bernáldez gewohnt, dem er seine Tagebücher der zweiten Amerika-Fahrt anvertraute. Mit Bernáldez, der an seiner «Historia de los Reyes Católicos» arbeitete, kam es zu langen Gesprächen über die Berichte und die weiteren Pläne des Kolumbus, an denen sich auch Juan de Fonseca beteiligte, der in Sachen «Indien» zu einer Art Kolonialminister geworden war (und der später zum ersten Vorsteher des 1503 gegründeten «Indienrats» bestimmt wurde). Ebenso wie Bernáldez reagierte er überaus skeptisch auf die Behauptung des Admirals, daß bei Kuba das Reich des Großen Khan beginne. Kolumbus aber war felsenfest überzeugt von seinen Ansichten, deren Bestätigung er in seiner Auslegung so vieler Bibelstellen fand. Sein Weltbild wurde zu jenem Zeitpunkt bereits stark von seiner Religiosität durchdrungen, sah er sich doch zu einer Mission berufen. So unterzeichnete er seine Briefe nicht nur mit einem verschlüsselten Signum, das als letzte Zeile die Bezeichnung «Cristoferens», als «Christusträger» enthielt. Spätestens seit seiner Ankunft in Cádiz kleidete er sich auch in eine Franziskanerkutte, um damit sowohl seine Demut wie sicherlich auch die Lauterkeit seiner Person offenkundig werden zu lassen.

Mitte Juli brach Kolumbus zum königlichen Hof auf, der zu jener Zeit gerade nach Burgos umzog. Die Reise dorthin inszenierte der Vizekönig der Indischen Lande wieder einmal als prächtiges Schauspiel, mit dem er die Aufmerksamkeit in den Gegenden erregte, durch die ihn sein Weg führte. Insbesondere ließ er die gefangenen Indianer mit allem zur Verfügung stehenden Goldschmuck drapieren, und nach der Überlieferung des Bernáldez wurde dem Bruder des auf der Überfahrt nach Spanien gestorbenen Kaziken Caonabó vor dem Einzug in jede Ortschaft ein schweres und kunstvoll verziertes goldenes Halsband umgelegt. Die «Katholischen Könige» (wie sich das spanische Herrscherpaar seit 1494 offiziell nennen durfte) wird der Auftritt des Admirals angesichts des zur Schau gestellten Goldes nicht unbeeindruckt gelassen haben. Offensichtlich gelang es Kolumbus auch, die Anschuldigungen gegen seine Person beredt von sich zu weisen; dies geht aus dem ausführlichen Bericht hervor, den Kolumbus

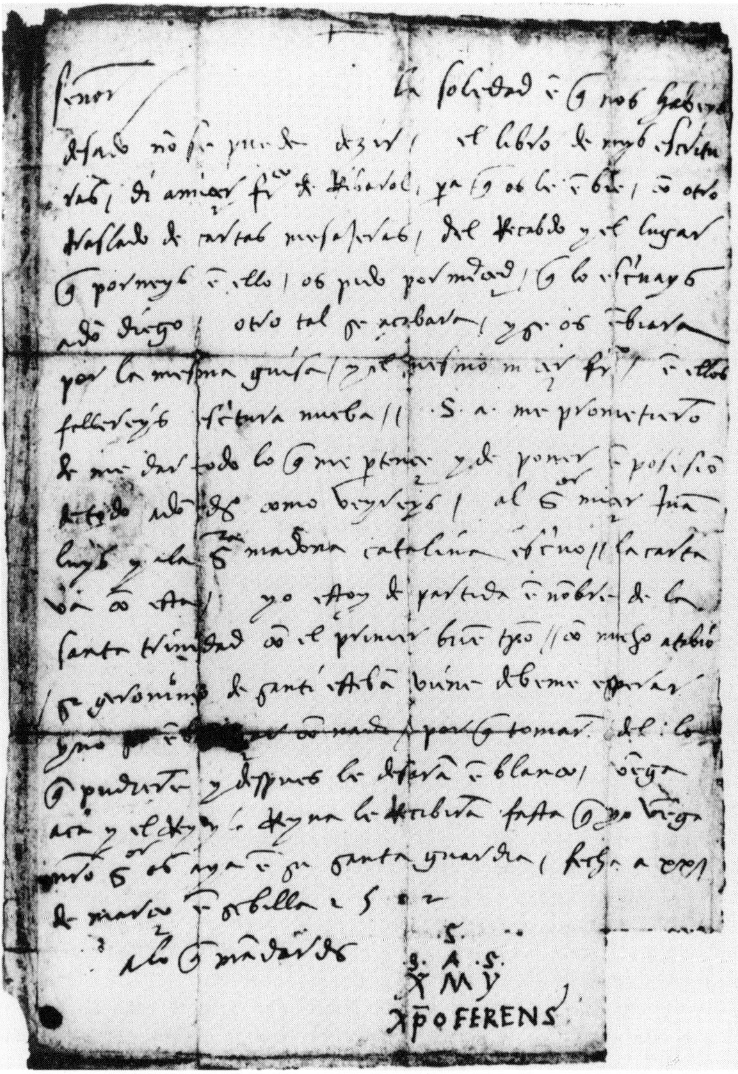
.S.
.S.A.S.
X M Y
Xpo FERENS

Brief des Christoph Kolumbus an Niccolò Oderico, den Gesandten Genuas am spanischen Hof, 21. März 1502

dem Königspaar später über seine dritte Amerika-Fahrt schrieb: *Eure Hoheiten antworteten mir, sie machten sich über jene Verleumder keine Gedanken und ermutigten mich, mir ebenfalls ihretwegen keine Sorgen zu machen, da sie diesen Leuten keine Bedeutung beimäßen und ihren Schmähungen keinen Glauben schenkten.*[134]

Die Euphorie über die Entdeckung der Indischen Lande war allerdings gewichen, denn trotz des von Kolumbus präsentierten Goldes war sich das Königspaar sehr wohl bewußt, daß die begehrten Schätze «Indiens» in Wirklichkeit nicht gefunden worden waren. Außerdem richteten sich zu jener Zeit alle Energien der Könige auf die Festigung und Ausweitung des spanischen Herrschaftsgebietes. Insbesondere im Streit um das Königreich Neapel war es zu kriegerischen Auseinandersetzungen mit Frankreich gekommen, die sich an der spanisch-französischen Grenze noch eine Weile fortsetzten. Nachdem sich Spanien zuerst auf militärischem Wege gegen die Ansprüche des französischen Königs Karl VIII. zur Wehr gesetzt hatte, suchte es daraufhin durch eine Bündnispolitik mit Österreich seine Einflußsphäre zu sichern. Daher war eine Doppelhochzeit arrangiert worden, die im Oktober 1496 im flandrischen Lier zwischen dem Erzherzog Philipp von Österreich und der Infantin Johanna und im Juni 1497 in Burgos (Teilnehmer war auch Don Cristóbal Colón) zwischen dem Infanten Juan und der Erzherzogin Margarethe von Österreich gefeiert wurden. Diesen beiden Vermählungen wurde ein solches Gewicht beigemessen, daß eine Flotte von 130 Schiffen für die Fahrt Johannas nach Flandern und die gleichzeitige Reise Margarethes nach Spanien ausgerüstet worden war.

Nicht nur wegen der dynastischen Politik ließ die Ausrüstung einer neuen «Westindien»-Flotte auf sich warten. Um die aufgetretenen Schwierigkeiten bei der Besiedlung Hispaniolas zu meistern, wurde eine ganze Reihe von Verfügungen über Handelsumsätze, Steuerabgaben und Landverteilung erlassen – wobei sich Kolumbus sämtliche Privilegien noch einmal bestätigen und teilweise sogar erweitern ließ –, deren Ausarbeitung jedoch einige Zeit in Anspruch nahm. Da überdies das private Interesse an der Kolonisation der transatlantischen Gebiete sehr stark nachgelassen hatte, gestaltete sich sowohl die Bemannung als auch und in besonderem Maß die Finanzierung der neuen Flotte äußerst schwierig. Um die spanische Besiedlung der Indischen Lande voranzutreiben, wurde nunmehr der Vorschlag des Admirals angenommen, Strafgefangene an Bord der Schiffe zu bringen, denen nach Ablauf einer gewissen Zeitspanne die Amnestie versprochen wurde. Dieses Verfahren wurde später auch von anderen europäischen Mächten praktiziert, mit oft fatalen Konsequenzen für die Urbevölkerung der Kolonialgebiete. Abermals erscheint jedenfalls Kolumbus als ein Mensch, dem für die Durchsetzung seiner Ziele jedes Mittel recht war.

Am längsten zogen sich die Bereitstellung und die Ausrüstung der

Schiffe dahin, da die Aussicht auf schnellen Gewinn bei den Kaufleuten bereits nach der Entsendung der zweiten Flotte zerstoben war, so daß die notwendigen Mittel von privater Seite nur schwierig zu beschaffen waren. Die Probleme der Finanzierung gehen deutlich aus der langen Rechtfertigung hervor, die Kolumbus an den Anfang seiner dritten, nur durch die Exzerpte Las Casas' bekannten Reisebeschreibung setzte. Darin suchte er dem Königshof deutlich zu machen, daß es zuerst gewisser Investitionen bedürfe, um letztendlich Gewinn einstreichen zu können: *Es nützte mir auch nichts, daß ich in der Gegenwart auf die Könige von Portugal hinwies, die den Mut gehabt haben, Guinea zu erobern und viele Leute und Gold opferten, um das Unternehmen zu Ende zu führen ... Sie haben es schon vor langer Zeit begonnen, aber Nutzen bringt es ihnen erst seit kurzem.*[135]

Am 30. Mai 1498 konnte endlich eine Flotte aus sechs Schiffen den bei Cádiz gelegenen Hafen von Sanlúcar de Barrameda verlassen. Nachdem bereits im Januar zwei Karavellen vorausgeschickt worden waren, fuhren drei der Schiffe von Gomera aus ebenfalls auf direktem Weg nach Hispaniola, um den Kolonisten Hilfe zu bringen. Kolumbus selbst nahm mit drei Schiffen Kurs auf die weit im Süden gelegenen Kapverdischen Inseln, um von dort aus die Fahrt über den Atlantik anzutreten. Er wollte zum einen die Vermutung des portugiesischen Königs überprüfen, daß sich Afrika gegenüber im Westen Land befinde; dies war wegen der «raya», der im Jahr 1494 noch einmal nach Westen verschobenen Demarkationslinie, von besonderer Bedeutung für die Aufteilung der Neuen Welt. Zum anderen vertraute Kolumbus einer seit der Antike verbreiteten Vorstellung, wonach geographisch auf gleicher Höhe liegende Länder die gleichen Erzeugnisse hervorbrächten und Gold, Edelsteine und Gewürze vornehmlich in den heißen Zonen der Erde vorkämen. Nach einem unerquicklichen Aufenthalt auf den Kapverdischen Inseln, wo *nichts Grünes wächst und die Bewohner alle krank sind*[136] – es hielten sich dort Leprakranke in der Hoffnung auf Heilung auf –, nahm die Flotte am 4. Juli Kurs nach Südwesten. Damit steuerte sie jedoch in den Kalmengürtel hinein, der sich südlich der Passatzone entlang des Äquators erstreckt. *Dort verließ mich der Wind, und es kam eine so glühende Hitze, daß ich befürchtete, Schiffe und Menschen würden verbrennen.*[137] Erst nach über einer Woche kam glücklicherweise ein kräftiger Wind auf, und Kolumbus ging daraufhin auf direkten Westkurs, um so schnell wie möglich jenseits des Atlantiks wieder auf Land zu stoßen.

Am 31. Juli wurde die Insel Trinidad entdeckt, die ihren Namen nach einem Gelöbnis des Admirals erhielt, das erste gesichtete Land nach der von ihm stets beschworenen heiligen Dreieinigkeit zu benennen. Auf der Suche nach einem günstigen Ankerplatz steuerte Kolumbus in den Golf von Paria, wo er das Phänomen beobachtete, daß in den beiden Zugängen zu dieser Meeresbucht außerordentlich starke und sich überkreu-

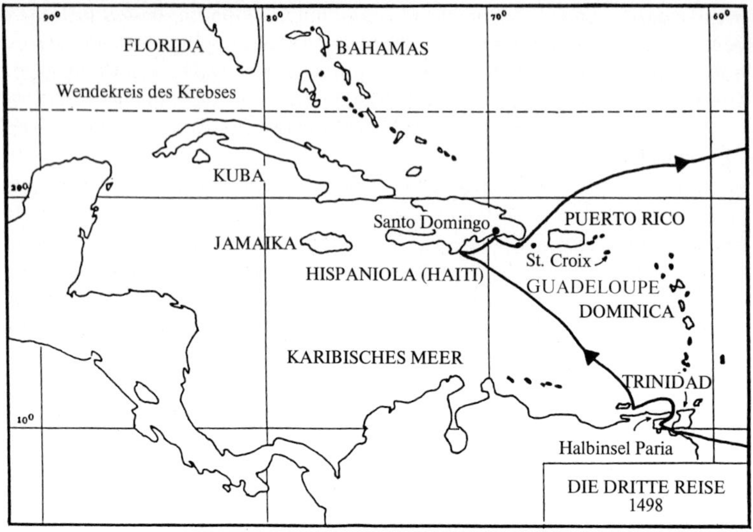

zende Strömungen herrschen. Kolumbus stellte bald fest, daß diese Strömungen nicht nur durch die Bewegung des Meeres entstehen, sondern auch durch die Wassermassen eines gewaltigen Stroms, eines Mündungsarms des Orinoco. Der Genuese war also auf das südamerikanische Festland gestoßen.

Da er in jenem Teil der Welt nur Inseln erwartet hatte, verstieg er sich zu der Spekulation, in der Nähe des irdischen Paradieses angelangt zu sein, das sich am fernen Ostrand der Welt befinden sollte. Ansatzweise dringt durch seine langen Erklärungen zwar auch die Erkenntnis, einen bisher unbekannten Kontinent entdeckt zu haben, jedoch am Ende siegten stets wieder seine religiösen Phantasien: *Zu dem Fluß habe ich zu sagen, daß er aus einem ungeheuren Land im Süden kommen muß, wenn er nicht aus dem irdischen Paradies fließt. Von diesem Land hat man bis heute noch keine Nachricht. Ich bin aber in der Seele überzeugt, daß sich dort, wo ich sagte, das irdische Paradies befindet.*[138] Aus diesen mystischen Gedankengängen heraus stellte er sogar eine neue Theorie zur Gestalt der Erde auf: *Ich habe immer gelesen, die Erde sei kugelförmig ... Ich habe jedoch so viele Unregelmäßigkeiten beobachtet, daß ich dazu gelangt bin, mir von der Erde eine andere Vorstellung zu machen. Ich habe gefunden, daß sie nicht kugelrund ist, wie sie beschrieben wird, sondern die Gestalt einer zwar im ganzen sehr runden Birne hat, mit Ausnahme jener Stelle, wo der Stiel sitzt. Dieser Punkt ist bedeutend erhöht ... Ich bin überzeugt, daß dort das irdische Paradies liegt, zu dem niemand gelangen kann, es sei denn aus göttlichem Willen.*[139] Sein von Las Casas zitierter Bericht über diese dritte Entdeckungsfahrt zeigt exemplarisch das Ringen zwischen einer auf empirischen Erfahrungen gegründeten Rationalität und mittelalterlicher, frömmelnder Schwärmerei; letztere gewann jedoch oft genug die Oberhand.

Da der Admiral die verderblichen Güter an Bord der Schiffe rasch nach Hispaniola schaffen wollte, hielt sich die Flotte nicht sehr lange mit neuen Entdeckungen auf. Den Indianern jener Gegend wurde wie üblich in höflicher Form wertvoller Schmuck abgehandelt, und die Spanier forschten sie nach irgendwelchen Goldvorkommen aus, auf die sich ihr Interesse in erster Linie richtete. Weil die Zeit drängte, ging Kolumbus auch nicht den eindeutigen Hinweisen auf ausgedehnte Bänke mit Perlenaustern vor der Nordküste Venezuelas nach (er wollte sich wohl später auf die Suche danach begeben). Zwei Jahre darauf ließ sich jedoch Hojeda diese Schätze nicht entgehen und sie von versklavten Eingeborenen heben. Nachdem man schließlich nach verschiedenen symbolischen Landnahmen zu der Insel Margarita gelangt war, führte der Admiral von dort am 15. August mit einer seemännischen Meisterleistung die Schiffe durch das Karibische Meer, um am 31. August 1498 in Santo Domingo einzutreffen. In der neugegründeten Siedlung sollte er die letzten Monate der Herrschaft über sein Reich antreten.

Auf Hispaniola waren indessen keineswegs geordnete Verhältnisse eingekehrt; noch immer konnten sich die Kolonisten nicht selbst versorgen; ihre Lage hatte sich durch die rasche Verbreitung der Syphilis obendrein verschlechtert. Schließlich war es unter dem von Kolumbus eingesetzten Francisco Roldán zu einer Revolte gegen den Adelantado Bartolomé und seinen Bruder Diego gekommen, die bis dahin weiterhin gegen die Indianer gekämpft hatten, um sie unter das gnadenlose Tributsystem zu zwingen. Die rebellierenden Siedler, die zumeist aus einfachsten Verhältnissen stammten, wollten den ihnen auferlegten Arbeitsverpflichtungen entgehen; um ihr Schäflein ins trockene zu bringen, machten sie sich angesichts der trostlosen Zustände in der Kolonie persönlich einzelne Indianer gefügig. *Es waren Männer, die ich für Arbeitsleistungen angeworben hatte, dieser Roldán aber, seine Anhänger und Parteigänger hatten ein Mittel gefunden, jene zu zwingen, ihnen Gefolgschaft zu leisten, indem sie ihnen versprachen, daß sie nicht mehr zu arbeiten brauchten und Geld, Lebensmittel und Weiber im Überfluß bekommen würden; vor allem hatten sie ihnen die Freiheit zugesichert, alles zu tun, was ihnen beliebte.*[140]

Nach seiner Ankunft in Santo Domingo wußte der Vizekönig und Statthalter nur noch so wenige Anhänger hinter sich, daß er zunächst anbot, Schiffe für alle Rückkehrwilligen auszurüsten, in der Hoffnung, auf diese Weise einen Großteil der demoralisierten oder aufrührerischen Siedler loszuwerden. Nachdem etliche der Unzufriedenen an Bord der Schiffe gegangen waren und die Insel verlassen hatten, nahm er Verhandlungen mit Roldán auf. Am Ende einer Serie diplomatischer Übereinkünfte ließ er sich im September 1499 von Roldán nahezu alle Bedingungen diktieren, nur um von neuem die Herrschaft über die Insel ausüben zu können. Dabei ging er auch auf die Forderung ein, allen Gefolgsleuten Roldáns, die auf Hispaniola bleiben wollten, ein Stück Land zuzuweisen, auf dem sie über eine bestimmte Anzahl Indianer verfügen können sollten. Damit war das zuerst «repartimiento» («Zuweisung») und später «encomienda» benannte System im Prinzip eingeführt, durch das im Grunde genommen jeder spanische Siedler zum Sklavenhalter werden konnte. Jedoch selbst nach der Unterzeichnung des Abkommens mit Roldán sah sich Kolumbus nicht als Herr der Lage, obwohl er schließlich auch mit drakonischen Maßnahmen gegen die nach wie vor rebellierenden Kolonisten vorging.

Im Oktober 1499 wurden zwei weitere Karavellen nach Spanien geschickt, und Kolumbus, der sich nicht anders zu helfen wußte, bat in einem Schreiben an das Königshaus um die Entsendung eines geeigneten Richters, der auf Hispaniola Frieden stiften sollte. Schon vor dem Eintreffen dieses Gesuchs hatten sich die Katholischen Könige entschlossen, Kolumbus die Verwaltung der Indischen Lande zu entziehen, obwohl sie lange Zeit zu ihm gestanden und nicht auf die gegen ihn vorgebrachten Klagen reagiert hatten. Aus der Sicht der Staatsoberhäupter hatte der Vizekönig schlichtweg versagt, da es ihm nicht gelungen war, in der transatlantischen Kolonie eine berechenbare Regierung zu bilden. Einerseits brachte er mit seinen harten Maßnahmen die Siedler gegen sich auf, andererseits konnte er sich gegen Rebellen wie Roldán nicht entscheidend durchsetzen. Daß Kolumbus außerdem auch weiterhin den Willen der Königin Isabella mißachtete, keine der als Untertanen angesehenen Indianer zu versklaven («Welche Vollmacht besitzt der Admiral, meine Untertanen irgendwem zu verkaufen?»[141]), war ein weiterer Grund dafür, daß die Majestäten über ihrem Schützling den Stab brachen.

Zu Beginn des Jahres 1499 versahen sie Francisco de Bobadilla mit den Vollmachten eines höchsten Richters, der auf Hispaniola für Ordnung sorgen und den Genuesen absetzen sollte. Im August des Jahres 1500 traf Bobadilla in Santo Domingo ein, wo die drei Kolumbus-Brüder ausgerechnet zu jener Zeit wieder einmal einen Aufstand von rebellierenden Kolonisten zu unterdrücken suchten. Da Bobadilla bei der Ankunft in der Siedlung sieben Spanier am Galgen hängen sah und sich Don Diego als Stellvertreter des Statthalters Bartolomé weigerte, fünf ebenfalls zum Tode verurteilte Siedler an ihn auszuliefern, ließ ihn der Untersuchungsrichter kurzerhand gefangennehmen. Er ließ auch das Haus des Vizekönigs besetzen, der mit seinem Bruder Bartolomé gerade in anderen Teilen Hispaniolas Jagd auf Rebellen machte. Der nach Santo Domingo befohlene Admiral wurde daraufhin wie der Adelantado Bartolomé ebenfalls

Christoph Kolumbus und sein Bruder Bartolomeo werden gefangen nach Spanien gebracht. Kupferstich von Theodor de Bry in: H. Benzoni: America pars quarta, Frankfurt a. M. 1594

in Ketten gelegt; alle drei Brüder wurden zuerst in die Zitadelle, dann an Bord eines Schiffs gebracht, das Anfang Oktober 1500 nach Cádiz segelte, wo sich die Brüder vor einem ordentlichen Gericht für die ihnen zur Last gelegten Vergehen verantworten sollten.

Erst im Dezember 1500 wurde der tief gedemütigte Admiral zu den Katholischen Königen an den Hof in Granada vorgelassen, die sich zwar dem Admiral gegenüber gnädig zeigten, jedoch ausweichend auf seine Forderungen nach Gerechtigkeit und Wiedereinsetzung in alle Ämter und Rechte antworteten. Monate des Wartens vergingen, in denen Kolumbus vor allem Trost in seinen religiösen Phantasien suchte: *Wenn ich mich auch erst seit kurzem über die Welt beklage, so hat doch die Welt schon seit langer Zeit die Gewohnheit, mich zu mißhandeln. Tausend Kämpfe hatte ich durchzufechten, und alle habe ich bis zu diesem Augenblick bestanden, bis mir weder Waffen noch Ratschläge nützten, und grau-*

sam bin ich in die Tiefe gestürzt worden. Aufrecht hält mich nur die Hoffnung auf ihn, der alles geschaffen hat, und auf dessen Hilfe ich stets zählen durfte.[142] Er machte sich daher daran, mit Hilfe eines Ratgebers, des Mönchs Gaspar Gorrich, sein *Libro de las profecias* fertigzustellen, eine Schrift, die dem Königspaar zugeeignet war und dieses von seinem Plan zur Eroberung Jerusalems überzeugen sollte, seinem höchsten Lebensziel. Kolumbus hatte im «Buch der Prophezeiungen» eine Anzahl von Bibelzitaten und anderen Texten gesammelt, welche seiner Ansicht nach auf die Entdeckung «Indiens» hindeuteten und die von ihm vertretene Auffassung untermauern sollten, daß das Ende der Welt bevorstünde. Zuvor jedoch mußten alle Prophezeiungen in Erfüllung gehen, das Evangelium auf der ganzen Erde verbreitet und die Heilige Stadt der Kirche Christi zurückgegeben werden. *Unser Herr hat durch meine Reise nach Indien ein großes Wunder bewirken wollen. Man muß sich beeilen, dieses Werk göttlicher Eingebung zu beenden. Denn nach meiner Rechnung sind bis zum Ende der Welt nur noch 150 Jahre übrig.*[143] Er selbst sah sich dabei als von der Vorsehung auserwählt, die Befreiung des Heiligen Grabes von den Ungläubigen zu erwirken.

Vasco da Gama. Gemälde von Gregorio Lopes, um 1524

Amerigo Vespucci. Porträt von Francesco Mazzola (Il Parmiggianino)

Am 3. September 1501 ließ das Königspaar endlich bekanntgeben, daß sie Don Nicolas de Ovando zum neuen Statthalter auf Hispaniola bestellt hatten, womit ganz offiziell die Privilegien des Kolumbus außer Kraft gesetzt waren, dem jedoch die Freigabe seiner Güter und seine finanziellen Anteile an der Goldförderung wie am Handel mit anderen Waren aus «Indien» zugesichert wurden. Das Herrscherhaus ließ zur Bekräftigung seiner Verlautbarung eine Flotte von 30 Schiffen ausrüsten, die unter dem Befehl Ovandos stand und die endgültige Absicht der Krone ausdrückte, die Indischen Lande dem spanischen Herrschaftsbereich einzugliedern.

Mittlerweile hatte sich das Bild der Neuen Welt vervollständigt: Jenseits des Atlantiks lagen riesige Landmassen, nicht nur verstreute Inseln. 1497/98 hatte Giovanni Caboto den nordamerikanischen Halbkontinent aufgefunden; im Süden waren von Alonso de Hojeda, Amerigo Vespucci, Rodrigo de Bastidas und anderen die Küsten Mittel- und Südamerikas erkundet worden. Außerdem kehrte im Jahr 1501 Pedro Álvares Cabral nach Lissabon zurück, der mehr als ein Dutzend Schiffe zuerst über den Atlantik zur Ostküste Südamerikas geführt und dort nach den Bestimmungen des Vertrags von Tordesillas das spätere Brasilien für Portugal gewonnen hatte; daraufhin war er um das Kap der Guten Hoffnung nach Indien gesegelt, wo bereits 1497 Vasco da Gama als erster Europäer

Fernão de Magalhaẽs (Magellan). Zeitgenössisches Bildnis

auf dem Seeweg angelangt war und von wo Cabral große Mengen der begehrten Gewürze mit nach Europa bringen konnte.

In dieser gewandelten Situation waren plötzlich noch einmal die Entdeckerkünste des Kolumbus gefragt, der noch immer von seinem westlichen Weg nach Indien überzeugt war und der daher dem spanischen Herrscherhaus einen Plan unterbreitet hatte, durch das noch nicht befahrene Meer westlich Kubas zu dem Reich des Großkhans vorzustoßen. Da nach einem Wort König Ferdinands Kolumbus nicht zum Vizekönig, aber durchaus zum Admiral taugte, wurde in relativ kurzer Zeit eine kleine Flotte von vier Schiffen zusammengestellt und ausgerüstet, die ein Projekt in Angriff nehmen sollte, das erst über fünfzehn Jahre später von Fernão de Magalhaẽs (Magellan) erfolgreich durchgeführt werden konnte: die Fahrt zum asiatischen Kontinent auf der Westroute und die anschließende Rückkehr um die Südspitze Afrikas herum nach Europa – die erste Umseglung der Welt. Als Kolumbus am 9. Mai 1502 zu seiner vierten und letzten Fahrt aufbrach, führte er ein Schreiben der Katholischen Könige mit sich, das an Vasco da Gama gerichtet war, der im Februar mit einer großen Flotte nach Indien in See gegangen war. Kolum-

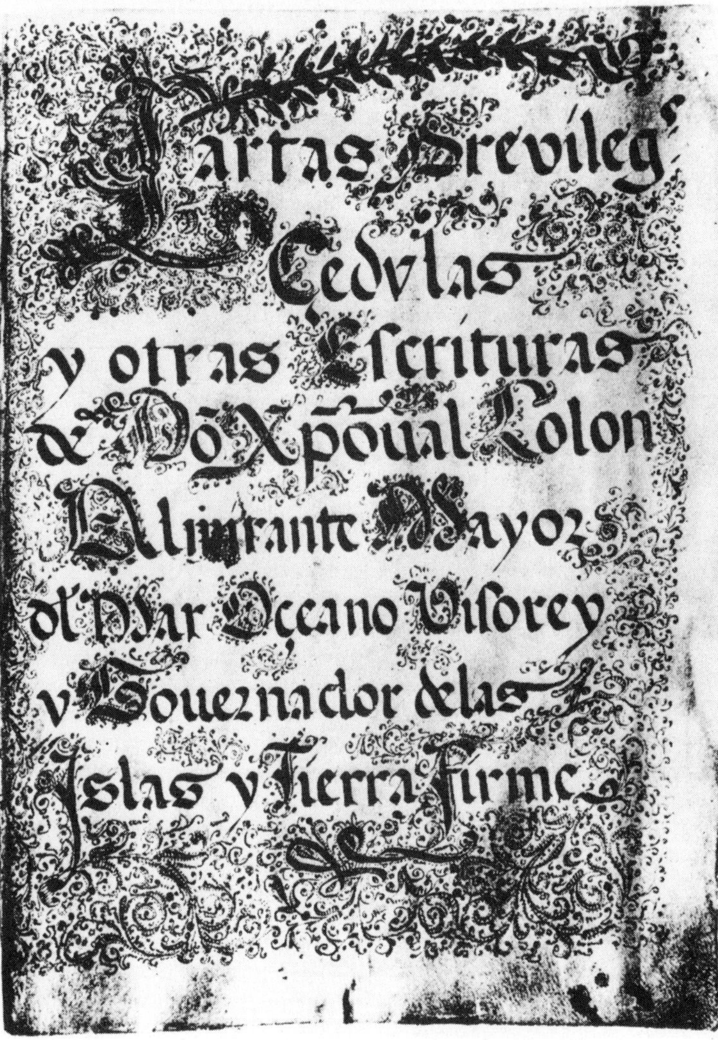
Cartas Previleg'
Cedulas
y otras Escrituras
de Dō Xpoual Colon
Almirante Mayor
dl Mar Oceano Visorey
y Gouernador de las
Islas y Tierra firme

Geleitbrief des spanischen Herrscherpaares für Christoph Kolumbus, 14. März 1502

bus sprach von seiner letzten Fahrt als der «Hohen Fahrt», da er sich von ihr die Krönung seines Lebens und damit wohl auch die glänzende Wiedereinsetzung in seine suspendierten Ämter und Rechte versprach.

Nach einer sehr schnellen Atlantiküberquerung segelte die Flotte unter dem Befehl des Diego de Tristán von Martinique aus auf der schon bekannten Route entlang den Inseln über dem Winde und an Puerto Rico vorbei nach Hispaniola. Dort wollte der Admiral vor Santo Domingo ankern lassen, da er einen Wirbelsturm befürchtete. Außerdem wollte er eine der vier Karavellen, die er als ungeeignet für eine Entdeckungsfahrt ansah, durch ein anderes Schiff ersetzen. Der neue Statthalter Ovando jedoch hielt sich strikt an ein königliches Gebot, nach dem es Don Cristóbal Colón nur erlaubt war, Hispaniola wenn nötig auf der Rückfahrt anzulaufen, und er verwehrte den Schiffen die Einfahrt in den Hafen. Beim Eintreffen des Kolumbus vor Santo Domingo lag gerade jene mächtige Flotte zum Auslaufen nach Spanien bereit, mit der Ovando im April in die Neue Welt gelangt war. Da der neue Statthalter Hispaniolas in seiner Souveränität meinte, die Warnung des seemännisch äußerst erfahrenen Admirals vor dem herannahenden Hurrikan übergehen zu können, hieß er seine Flotte Segel setzen und schickte damit fast alle Schiffe in den Untergang. Mit Roldán und Bobadilla kamen zwei Erzfeinde des Kolumbus ums Leben, und zufälligerweise überstand nur jenes Schiff den Hurrikan, auf dem sich die konfiszierte Habe des abgesetzten Vizekönigs befand. Dieser nahm den Vorfall als Gottesurteil, zumal er seine Schiffe in einer nahen Bucht ohne Schäden durch den Sturm gebracht hatte. Die Häme über den Tod seiner Widersacher zeigte sich noch in einem drei Jahre später verfaßten Brief an König Ferdinand, worin Kolumbus in anmaßender, für ihn aber typischer Weise das Geschehen aus dem Willen Gottes heraus erklärte: *Seit langer Zeit hat unser Herrgott kein so offensichtliches Wunder mehr getan, wie dieses, als er den, der mich beraubte, samt allen, die ihm dabei halfen, auf dem besten Schiff von 34 ... untergehen ließ.*[144]

Mitte Juli 1502 stachen die vier Schiffe des Admirals in See, um die Entdeckungsfahrt nach Indien anzutreten. Flauten, Strömungen und widrige Winde trieben die Flotte der Südküste Jamaikas entlang zur Isla de la Juventud im Süden Kubas. Dann ließ ein kräftiger Wind die Flotte innerhalb von drei Tagen die Insel Guanaja erreichen, wenige Meilen vor der Küste des heutigen Honduras. Vor Kolumbus lag Mittelamerika. Die Spanier begegneten auf Guanaja einer indianischen Kultur, die eine höhere Entwicklungsstufe erreicht hatte als die der bis dahin angetroffenen Inselbewohner. In jenen Randgebieten der Maya-Kultur wurde Kupfer zu Werkzeugen und Haushaltsgegenständen verarbeitet, Textilien waren als Bekleidung bekannt und selbst Geld war in Form von Kakaobohnen in Gebrauch. Da sich Kolumbus folglich an der Ostküste Asiens wähnen konnte, ging er auf seiner Suche nach einer Meeresdurchfahrt in Richtung Westen konsequenterweise auf einen Kurs, welcher ihn im Süden um das

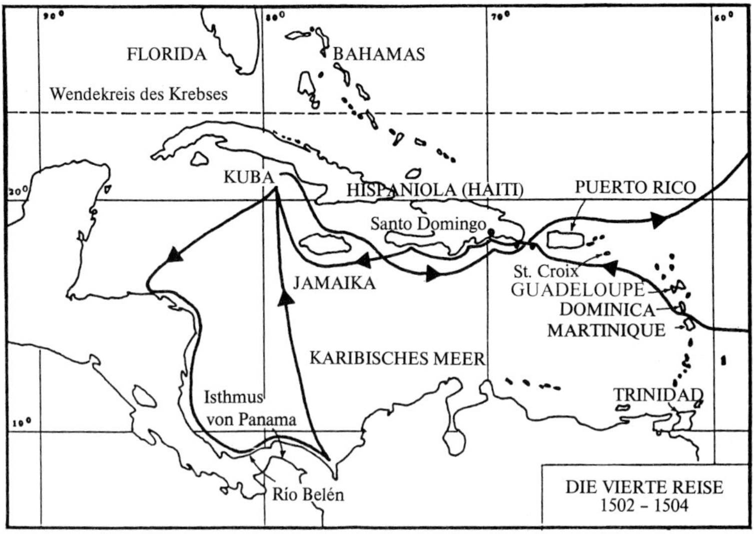

Bartolomeo Colombo und Alessandro Zorzi: Kartenskizze des Äquatorialgürtels mit der Nordküste Südamerikas und der Ostküste Mittelamerikas

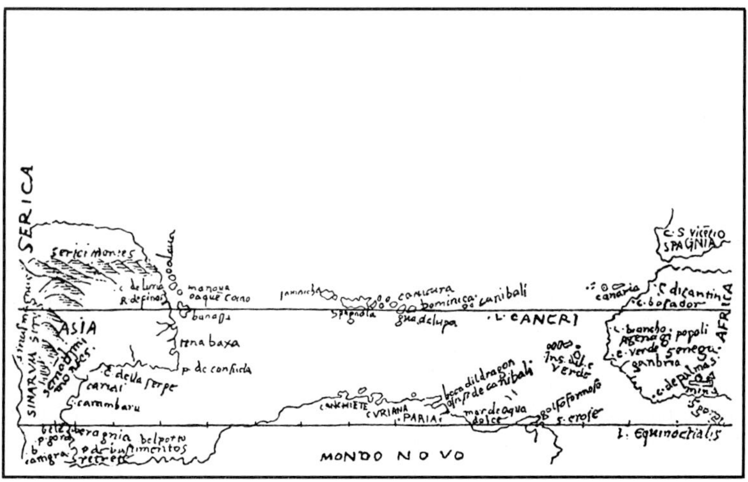

Festland herumführen sollte. Damit vergab er die Möglichkeit, weiter nördlich auf die verlöschende Kultur der Maya in Yucatán oder gar auf das Reich der Azteken zu stoßen. So kreuzten die Schiffe in mühevoller Fahrt gegen den Passat, *von Stürmen, Wolkenbrüchen, Wasserhosen und Blitzen begleitet*, zuerst in östlicher Richtung der Küste des heutigen Honduras entlang – die «Hohe Fahrt» des Kolumbus drohte zum Desaster seines Lebens zu werden.

Erst nach vier Wochen erreichte er ein Kap, das den weiteren Kurs in Richtung Süden bestimmte und das er bezeichnenderweise «Gracias a Dios» nannte, da sich dort endlich das Wetter besserte; denn die bis dorthin zurückgelegte Strecke hatten sich die Mannschaften mit unsäglichen Anstrengungen erkämpfen müssen. *Meine Schiffe waren leck, die Segel zerrissen, Anker, Taue und Schaluppen und viele Vorräte waren verlorengegangen. Meine Mannschaft war zum großen Teil verletzt, alle sehr niedergeschlagen und viele hatten ein Gelübde abgelegt, in den geistlichen Stand einzutreten, wenn sie dem Tode entrönnen.*[145] In rascher Fahrt folgte er daraufhin den Küsten des heutigen Nicaragua und Costa Rica nach Süden. Auf der Suche nach einer westlichen Durchfahrt erreichten die Schiffe Anfang Oktober die heutige Chiriquí-Lagune, wo Kolumbus allmählich zu der Überzeugung gelangt sein dürfte, daß eine Meeresenge in Richtung Westen nicht existierte. Statt dessen begab er sich wieder einmal auf Goldsuche, da er nichtsdestoweniger davon überzeugt war, sich am Ostrand Asiens zu befinden und alle Zeichen in diesem Sinne deutete: So mußte seiner Ansicht nach etwa der Chilipfeffer der Indianer von den Molukken stammen, und bei einem als «Ciguare» bezeichneten Land mußte es sich um das «Ciamba» (Kotschinchina) des Marco Polo handeln. Demnach mußte er sich auch in der Nähe der Aurea Chersones befinden, der seit der Antike legendären «Goldenen Halbinsel», wo das meiste Gold der Welt liegen sollte. Wenn auch die Schilderungen der eingeborenen Indianer diese Vorstellungen des Kolumbus auszudrücken schienen, so sprachen sie doch von etwas ganz anderem, nämlich von dem im Süden gelegenen, hochentwickelten Reich der Inka.

Kolumbus war an der Küste des heutigen Panama tatsächlich auf ein Gebiet gestoßen, in dem es einige Goldvorkommen gab. Nachdem er wochenlang die Küste auf der Suche nach dem von ihm erträumten Goldland abgefahren und dabei die schlimmsten Stürme (*das Meer sah aus wie Blut und brodelte wie siedendes Wasser auf großem Feuer*[146]) überstanden hatte, ließ er die Flotte zu einem «Belén» getauften Fluß zurücksegeln, wo er einen Stützpunkt zur Goldsuche errichtete. In der von dichten Tropenwäldern bedeckten und klimatisch äußerst strapaziösen Region schlug das Unterfangen jedoch nach drei Monaten unrettbar fehl. Denn die eingeborenen Indianer zeigten sich nicht bereit, die Fremden auf Dauer in ihrem Land zu dulden, und lieferten ihnen am Ende heftige

Kämpfe, denen zehn Spanier zum Opfer fielen, darunter auch der Kapitän Diego de Tristán.

Anfang April sah sich der gescheiterte Admiral, der zuvor noch geplant hatte, einen Teil der Mannschaften in einer Siedlung zurückzulassen, in einer verzweifelten Lage: Er mußte so schnell wie möglich nach Hispaniola zurücksegeln, um die ihm anvertrauten Besatzungen überhaupt noch heil nach Hause zu bringen, denn *die Schiffe waren morsch geworden, leck und zerfressen von Bohrwürmern*[147]. Noch bevor die Fahrt nach Hispaniola gewagt werden konnte, mußte ein weiteres der vier Schiffe aufgegeben werden, nachdem bereits an jenem zuvor in Aussicht genommenen Siedlungsort eine wurmzerfressene Karavelle zurückgelassen werden mußte. *So blieben mir nur zwei* Schiffe, *die in keinem besseren Zustand waren als die anderen, ohne Schaluppen und Lebensmittel, um die 7000 Meilen des Meeres und der Wogen zu durchqueren oder unterwegs mit dem Sohn, dem Bruder* [auch sein jüngster Sohn Fernando und Bartolomé machten die Reise mit] *und aller meiner Mannschaft zu sterben.*[148] Zunächst hielt man sich an die Küste Mittelamerikas, bis der Golf von Darién erreicht war.

Dort angelangt, mußte sich Kolumbus dem Drängen der Kapitäne und Steuermänner beugen und die Fahrt über das Karibische Meer antreten, um das vermeintlich im Norden gelegene Hispaniola zu erreichen. Tatsächlich jedoch traf die klein gewordene Flotte nach zehn Tagen auf die Küste Kubas; in der Bucht Santa Gloria an der Nordküste Jamaikas endete dann die Fahrt, *da die Schiffe von den Bohrwürmern wie eine Bienenwabe durchlöchert waren und da die gesamte Bemannung mit drei Pumpen, Bütten und Kesseln das Wasser, das in das Schiff eindrang, nicht hinausbefördern konnte*[149]. Am 25. Juni 1503 wurden die beiden Karavellen auf Land gesetzt; die Schiffsaufbauten wurden zu wehrhaften Hütten umgerüstet und die Mannschaften richteten sich auf einen längeren Aufenthalt ein, der schließlich ein ganzes Jahr währen sollte.

Zunächst mußte das entscheidende Problem der Versorgung mit Nahrung gelöst werden. In Verhandlungen mit den Indianern konnte Kolumbus erreichen, daß die Spanier regelmäßig Lebensmittel im Tausch gegen die üblichen Glasperlen und Glöckchen erhielten. Allerdings mußten die Mannschaften an Bord der Schiffe bleiben, um Übergriffe zu verhindern. Auf diese Weise war ein Überleben auf der Insel zunächst gesichert. Jedoch hing das weitere Schicksal der Männer davon ab, auf welche Weise auch immer eine Botschaft nach dem über 100 Meilen entfernten Hispaniola gelangen zu lassen. Jamaika wurde nämlich von keinem spanischen Schiff angelaufen, da Kolumbus nach seiner zweiten Entdeckungsfahrt nicht von Goldvorkommen auf der Insel berichten konnte. Nachdem ein erster Versuch unter der Führung des Diego Méndez gescheitert war, in einem Kanu nach Hispaniola zu gelangen, schloß sich mit Bartolomeo Fieschi ein enger Vertrauter des Kolumbus dem wahren Himmelfahrtskommando an, mit zwei Kanus die Fahrt zu wagen. Neben einigen Spaniern nahmen zwanzig Indianer an dem Unternehmen teil, die zum Paddeln gezwungen wurden. Tatsächlich gelang das Wagnis unter großen Mühen: Die Kanus erreichten im September Santo Domingo. Ovando, der neue Gouverneur Hispaniolas, wurde vom Schiffbruch und der bedrängten Lage des Kolumbus und seiner Männer unterrichtet, schob jedoch die Entsendung eines rettenden Schiffs monatelang hinaus. (Nach der Ansicht des Las Casas spekulierte Ovando auf den durch Kolumbus' Tod freiwerdenden Rang des Vizekönigs.)

Als im Juni 1504 endlich zwei Schiffe zur Rettung der Überlebenden auf den Weg geschickt werden konnten, war es auf Jamaika unter den Spaniern längst zu den beinahe unvermeidlichen Streitigkeiten gekommen. Etwa 50 Männer hatten sich in einer Meuterei gegen den abermals von der Gicht geplagten Admiral erhoben, die Überfahrt nach Hispaniola versucht und abgebrochen und waren daraufhin plündernd über die Insel gezogen, schließlich jedoch nach Santa Gloria zurückgekehrt. Der Anführer der Rebellen wurde in Ketten gelegt; seine Kumpane unterwarfen sich Kolumbus. Wenig später begannen die Indianer, ihre Nahrungslieferungen einzustellen, denn ein großer Teil der Spanier hatte sich als äußerst gewalttätig erwiesen; überdies hatten sich die Schiffbrüchigen in keiner Weise darum gekümmert, durch Fischfang oder Jagd selbst zu ihrer Versorgung beizutragen. In dieser bedrohlichen Lage hatte Kolumbus listigerweise sein Wissen um eine Mondfinsternis dazu verwandt, sich die an übersinnliche Naturerscheinungen glaubenden Indianer von neuem gefügig zu machen. Als die beiden rettenden Schiffe aus Hispaniola eintrafen, hatten die Indianer wieder die Versorgung der Spanier mit Lebensmitteln aufgenommen. Mitte August trafen die Überlebenden der verhängnisvollen «Hohen Fahrt» in Santo Domingo ein. Der regierende Statthalter Ovando demonstrierte nach dem feierlichen Empfang des Kolumbus seine Souveränität, indem er seine Befugnisse über die des suspendierten Vizekönigs stellte und den Anführer jener gegen Kolumbus gerichteten Meuterei demonstrativ freiließ. Der kranke und geschlagene Admiral wußte, daß er seine Ehre nur am königlichen Hof wiederherstellen konnte. Dort wollte er nicht nur seine Anklagen und Rechtfertigungen vorbringen, sondern außerdem von seinen Entdeckungen berichten. Somit ging er am 12. September 1504 zum letztenmal in den von ihm entdeckten Indischen Landen an Bord eines Schiffs, um nach einer überaus strapaziösen Überfahrt zusammen mit seinem Bruder Bartolomé und dem inzwischen sechzehnjährigen Sohn Fernando Anfang Oktober wieder in Sanlúcar einzutreffen.

Unbeachteter Tod

Gleich nach seiner Ankunft in Sanlúcar ließ sich der an Leib und Seele gebrochene Admiral nach Sevilla bringen, wo er den Winter über blieb. Er hatte keine Nachricht von den Katholischen Königen erhalten, da man am Königshof andere Sorgen hatte, als sich die Klagelieder eines eifernden Mannes anzuhören, der die versprochene Passage nach «Ost-Indien» nicht gefunden und seine gesamte Flotte verloren hatte. Königin Isabella lag krank; ihr Tod war absehbar. Am 21. November 1504 schrieb Kolumbus an seinen Sohn Diego, der in die Leibgarde des Königs eingetreten war und daher in der Nähe der Herrscher lebte: *Empfehle mich der Gunst aller und teile ihnen mit, daß ich die Absicht habe, bald hinzureisen. Ich würde mich sehr freuen, einen Brief von Ihren Hoheiten zu empfangen und zu erfahren, was sie befehlen. Wenn du eine Möglichkeit siehst, bemühe dich, mir das zu verschaffen.*[150] Wenn sich auch Kolumbus unablässig, aber vergeblich um eine Vorladung bemühte, so war sein Gesundheitszustand doch viel zu schlecht, um eine Reise nach Segovia unternehmen zu können, wo sich zu jener Zeit der «ambulante» Königshof befand.

In den letzten eineinhalb Jahren bis zu seinem Tod am 20. Mai 1506 konzentrierte Kolumbus alle seine Gedanken und sein Handeln darauf, wieder in seine vormaligen Rechte eingesetzt zu werden. Die wohl aussichtsreichste Möglichkeit, seine Forderungen bei Hof durchzusetzen, war mit dem Tod der Königin am 26. November 1504 verloren, denn sie hatte zu den wichtigsten Förderern des Genuesen gezählt. Von schwerer Gicht geplagt, blieb ihm nichts anderes übrig, als seinen Sohn Diego in Briefen zu drängen, bei König Ferdinand für die Erfüllung seiner Ansprüche einzutreten. Ein Brief vom 13. Dezember läßt erkennen, daß er noch darauf hoffte, durch das Testament der Königin in seinen Rechten bestätigt zu werden: *An diesem Ort macht das Gerücht die Runde, daß die Königin, die Gott in seiner Ehre bei sich hat, eine Anweisung hinterlassen habe, daß ich wieder in den Besitz der Indien eingesetzt werden solle.*[151] Nachdem diese Hoffnung zerstoben war, versuchte er, endlich selbst am königlichen Hof zu erscheinen, jedoch verbot sein Gesundheitszustand, die 500 Kilometer lange Reise von Sevilla nach Segovia im Winter zu unternehmen.

Im Mai 1505 begab er sich dann auf dem Rücken eines Maultiers auf

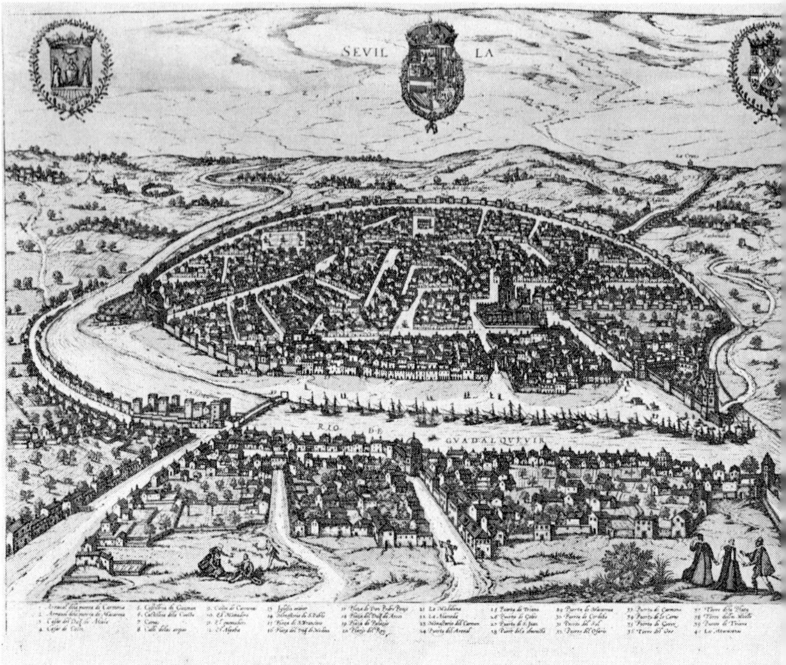

Sevilla. Ansicht aus Georg Braun und Franz Hogenbergs «Civitates Orbis Terrarum», Antwerpen 1572 ff.

die anstrengende Reise zum königlichen Hof, wo Diego für ihn eine Audienz beim König erwirkte hatte. In Segovia angelangt, wurde er zum König vorgelassen und konnte somit endlich seine Sache vertreten. Hartnäckig bestand er auf seinen Privilegien, machten sie für ihn doch seine Identität aus, für die er jahrelang gekämpft und für die er Schmähungen und Verleumdungen auf sich genommen hatte. Er wollte sich von seinen Rechten auch dann nicht abbringen lassen, als ihm zu verstehen gegeben wurde, daß ihm statt ihrer eine ertragreiche Grafschaft in Kastilien zufiele. König Ferdinand wies jedenfalls die ganze Angelegenheit von sich; er wollte die Entscheidung einem Schlichter überlassen, und auf Kolumbus' Vorschlag hin übernahm einer seiner früheren Förderer, Diego de Deza, mittlerweile Erzbischof von Sevilla, dieses Amt.

Die Forderungen des Kolumbus umfaßten zwei Teile: zum einen seine Herrschaftsrechte und zum andern seine Rechte auf Besitz und Einnahmen. War seine Ernennung zum Admiral des Weltmeeres auch nie in Frage gestellt worden, so bestritt ihm das Königshaus (im Widerspruch zu den «Kapitulationen») die Titel des Vizekönigs und Statthalters, denn diese beiden Privilegien wollte Kolumbus in noch durchaus feudalistischer Manier als erbliche Lehen verstanden wissen. Diese Auffassung bedeutete nicht nur, daß sich Kolumbus den Anspruch anmaßte, mit dem König als seinesgleichen zu rechten, sie stand auch im Gegensatz zur zentralistischen Politik eines souveränen Herrscherhauses, das die Macht des Adels beschneiden wollte. Die Privilegien konnten aber auch deswegen nicht länger geduldet werden, weil Kolumbus als Statthalter in den immer wichtigeren neuentdeckten Weltgegenden schlichtweg versagt hatte, auch wenn die besonderen Umstände in den Indischen Landen jede Herrschaft außerordentlich erschwerten. Jedoch gerade die Einzigartigkeit der Situation in den Gebieten jenseits des Atlantiks verlangte unter dem politischen Kalkül jener Zeit einen kraftvollen Herrscher, der ein straffes Regiment auszuüben verstand. Zudem war der kranke Kolumbus rein körperlich nicht mehr in der Lage, die Statthalterschaft auf Hispaniola erneut anzutreten, was ihn jedoch zu der unannehmbaren Bitte veranlaßte, daß *an meiner Statt mein Sohn in alle Ehren, Besitztümer und Herrschaften, die ich hatte, eingesetzt werde*[152]; Diego Colón aber war zu jener Zeit erst 25 Jahre alt und ein völlig unerfahrener Zögling des Hofes.

Haus und Garten des Kolumbus in Sevilla. Kupferstich des 16. Jahrhunderts

Die finanziellen Forderungen des Kolumbus ließ der Schlichter Deza juristisch überprüfen. Es ging dabei um die Auszahlung seines «Zehntels», «Achtels» und «Drittels» aus den geschäftlichen Unternehmungen in Amerika. Das «Achtel» bezog sich auf den ihm zugesagten achten Gewinnanteil seiner eigenen Handelsgeschäfte und hatte mit den Finanzen des Königshauses nichts zu tun. Kolumbus pochte allerdings auf die ihm vertraglich zugesicherte Auszahlung des zehnten Teils aller Gewinne aus den Indischen Landen, wohingegen ihm von königlicher Seite nur zehn Prozent aus den zwanzigprozentigen Abgaben an die Krone zugestanden wurde, mithin zwei Prozent aller Gewinne. Und er beanspruchte in seiner Position als Admiral ein ganzes Drittel aus allen Handelsgeschäften in seinem Herrschaftsbereich, wobei er sich auf eine alte Abmachung zwischen dem Königshaus und dem Großadmiral von Kastilien berief, die ihm selbst jedoch nie zugestanden worden war und folglich auch nicht eingehalten wurde. Mit diesen finanziellen Fragen beschäftigte sich Kolumbus außergewöhnlich intensiv. Immer wieder stellte er Berechnungen darüber an, welche riesigen Geldsummen ihm eigentlich zustünden. Dabei muß Kolumbus zu jener Zeit durchaus als vermögender Mann angesehen werden, der selbst größere Mengen Gold aus Amerika mitgebracht hatte und dem nach wie vor die Abgaben aus dem «Zehntel» zufielen. Sein verbissener Wille, keinen Deut von seinen vertraglich zugesicherten Ansprüchen abzurücken, drückte sich selbst in seinem Testament aus. Mit aller Bestimmtheit wies er noch einmal darauf hin, daß ihm aus dem Geschäft mit den Kolonien in der Neuen Welt *ein Drittel und ein Achtel von allem zuzusprechen* sei, *und dazu noch der Zehnte von allem, was man in jenen Ländern findet, wie das aus meinen Privilegien und Gnadenbriefen deutlich hervorgeht.* In diesem Zusatz zu seinem Testament, den er am 25. August 1505 verfaßte, klärte er außerdem die Rechtsnachfolge unter seinen Söhnen im Sinn des Majorats, gab die Anordnung zum Bau einer Kapelle und führte einige Personen auf, denen unbeglichene Schulden zurückgezahlt werden sollten; in den letzten Sätzen bedachte er auch die Mutter seines Sohnes Diego, Beatriz Henriquez de Harana, *die mit den nötigen Mitteln zu versehen* sei, *daß sie davon würdig leben kann*[153].

Obwohl sich Kolumbus mit seinen Forderungen nicht durchsetzen konnte (der Streit um die Ansprüche des Admirals zog sich später in den sogenannten «pleitos» noch über mehrere Jahrzehnte hin), folgte er doch dem Hof, als dieser in der zweiten Jahreshälfte zuerst nach Salamanca und darauf nach Valladolid zog. Sein Kampf aber war schon längst verloren, wie er es auch in einem Schreiben an Deza resignierend bekennt: *Da es nun klar ist, daß Ihre Hoheit nicht gesonnen ist, die mündlichen und schriftlichen Versprechungen, die sie mir gemeinsam mit der Königin gemacht hat, zu erfüllen, glaube ich, daß es für mich, der ich ein Insekt bin, ebenso nutzlos wäre, dagegen ankämpfen zu wollen, wie wenn ich den Wind geißeln wollte, und daß es gut sein wird, wenn ich nun, nachdem ich getan habe, was ich konnte, Gott, Unseren Herrn schalten lasse; Er ist mir stets gewogen gewesen und hat mir in allen Nöten geholfen.*[154]

Noch einmal allerdings ergab sich für Kolumbus die Möglichkeit, seine Ansprüche vorzubringen. Im April 1506 schickten sich die spätere Johanna «die Wahnsinnige» und Philipp der Schöne an, gegen den Widerstand König Ferdinands die rechtmäßige Nachfolge auf dem kastilischen Königsthron anzutreten. Daher machte sich Bartolomé zu den neuen Herrschern auf, um sich für die Sache seines Bruders einzusetzen, der inzwischen ans Krankenbett gefesselt war. Bartolomé führte ein Schreiben des Don Cristóbal Colón mit sich: *Ich bitte Eure Hoheiten sehr demütig, mich als Ihren Lehensmann und Diener zu betrachten und überzeugt zu sein, daß ich, trotz meiner Krankheit, die mich jetzt darniederwirft und grausam peinigt, noch imstande bin, Ihnen Dienste ohnegleichen zu leisten ... Sehr demütig bitte ich Sie, meine Absicht und meinen guten Willen entgegenzunehmen, und Rechnung zu tragen meiner Hoffnung, wieder in meine Ehren und Rechte eingesetzt zu werden, wie es die Schriften, die ich habe, versprechen.*[155]

Noch bevor Kolumbus die abschlägige Antwort des Königs erhielt, neigte sich sein Leben dem Ende zu. Der todkranke Admiral des Weltmeeres ließ am 19. Mai sein Testament beglaubigen. Am darauffolgenden Tag starb in Valladolid der noch nicht einmal fünfundfünfzigjährige Don

Das Sterbehaus des Kolumbus in Valladolid

Cristóbal Colón. An seinem Sterbelager standen außer seinen beiden Söhnen und seinem Bruder Diego nur seine Vertrauten Fieschi und Méndez, die nicht einmal drei Jahre zuvor durch ihre waghalsige Kanufahrt von Jamaika nach Hispaniola dem Admiral und seiner Mannschaft möglicherweise das Leben gerettet hatten.

Der «Entdecker Amerikas» war unbeachtet von der übrigen Welt verstorben; nicht einmal im Sterberegister der Stadt Valladolid wurde sein Tod verzeichnet. Selbst sein Biograph Petrus Martyr Anglerius, der über seine Taten ausführlich berichtet hatte, erwähnte fast nebenher erst viele Jahre später, daß Kolumbus nicht mehr unter den Lebenden weile. Derart schnell geriet sein Name in Vergessenheit, daß der elsässische Gelehrte und Kosmograph Matthias Ringmann zu Beginn des 16. Jahrhunderts meinte, der «Mundus

Karte der Westindischen Inseln aus Petrus Martyr d'Anghiera: De orbe novo, Sevilla 1516

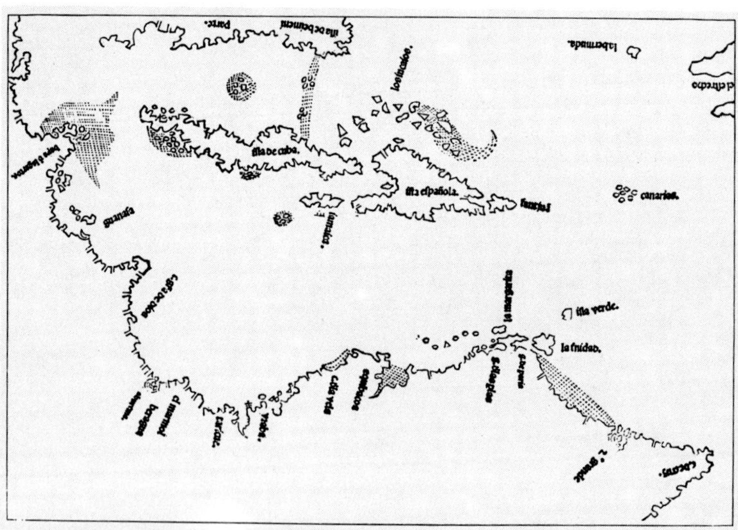

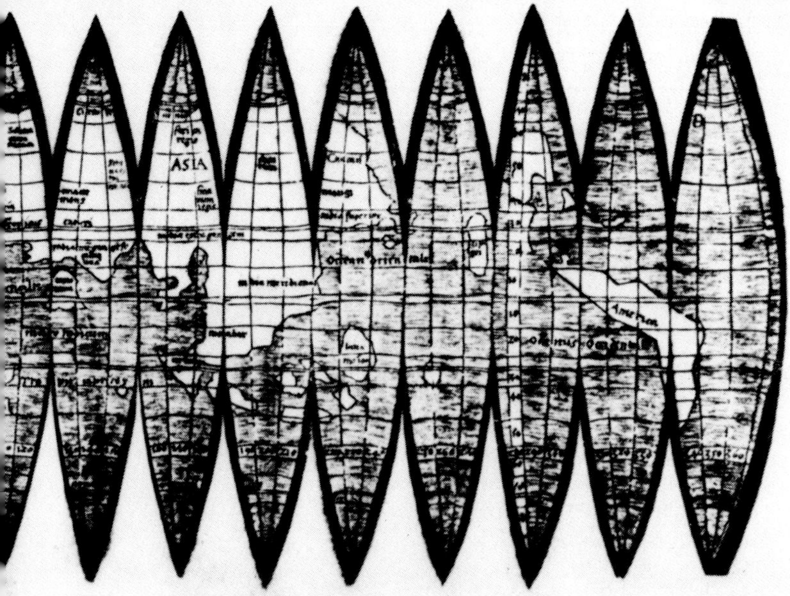

Martin Waldseemüllers Karte für einen Erdglobus von 1507, auf der zum erstenmal der Name «America» erscheint

Nūc vo & hę partes ſunt latius luſtratæ/& alia
quarta pars per Americū Veſputiū(vt in ſequenti
bus audietur)inuenta eſt/quā non video cur quis
iure vetet ab Americo inuentore ſagacis ingenij vi
Ameri- ro Amerigen quaſi Americi terrā / ſiue Americam
ca dicendā:cū & Europa & Aſia a mulieribus ſua ſor
tita ſint nomina.

Martin Waldseemüller: Cosmographia Introductio, Saint-Dié 1507. Dem Werk war die oben abgebildete Weltkarte beigelegt. In der hier wiedergegebenen Passage schlägt Waldseemüller vor, den vermeintlich von Amerigo Vespucci entdeckten neuen Erdteil «America» zu nennen

Das Grabmal des Kolumbus in der Kathedrale von Sevilla

Novus» wäre durch den eloquenten Florentiner Amerigo Vespucci entdeckt worden. Auf Ringmanns Irrtum geht der Name «Amerika» zurück, denn sein Freund, der Kartograph Martin Waldseemüller, benannte die Neue Welt auf einer im Jahre 1507 veröffentlichten Weltkarte nach dem Vornamen des Vespucci, dem jedoch nur die Ehre zukam, weite Teile Südamerikas entdeckt zu haben. Als sich schließlich immer mehr die Gewißheit durchsetzte, daß es sich bei dem riesigen Land jenseits des Atlantiks tatsächlich um einen neuen Kontinent handelte, wurde der «falsche»

Name «Amerika» bereitwillig übernommen, den Ringmann in folgender Weise begründet hatte: «Da nun wahrlich diese Teile weitläufig durchforscht sind, und da ein anderer vierter Teil von Americus Vesputius entdeckt wurde (wie im Folgenden berichtet wird), so sehe ich nicht ein, warum er nicht mit Recht nach seinem Entdecker Americus, einem Manne von außerordentlichem Scharfblick, Amerigen (gleichsam das Land des Americus) oder Amerika genannt werden sollte: da doch sowohl Europa als auch Asien ihren Namen von Frauen erhalten haben.»[156]

Kolumbus wurde zuerst im Franziskanerkloster von Valladolid bestattet, jedoch wurden seine sterblichen Überreste später nach Sevilla gebracht und von dort ungefähr im Jahr 1537 – seinem Wunsch gemäß – nach Santo Domingo überführt. Nachdem die Franzosen 1795 Hispaniola besetzt hatten, gelangten seine Gebeine nach Havanna auf Kuba, schließlich 1899 (Kuba war an die USA gefallen) wiederum nach Spanien, wo der Admiral nach einem pompösen Staatsbegräbnis – die Person des Kolumbus war längst romantisch verklärt worden – in der Kathedrale von Sevilla seine letzte Ruhe fand. (Da allerdings den Gebeinen Verstorbener bis heute besondere Bedeutung zukommt, darf der Hinweis nicht fehlen, daß Kolumbus' sterbliche Überreste nach wie vor in Santo Domingo ruhen könnten. Es gibt Vermutungen, daß es zu einer Verwechslung der Särge kam, als die Spanier Santo Domingo 1795 übereilt räumen mußten.)

Bleisarg mit den Gebeinen des Kolumbus, 1877 in der Kathedrale von Santo Domingo entdeckt

Wer war Kolumbus?

Nachdem Kolumbus in Richtung Westen segelnd das vermeintliche «Indien» erreicht hatte, nahm er sich natürlich das Recht heraus, gegen die Gelehrten und Experten zu wettern, die zuvor sein Projekt in den königlichen Kommissionen abgelehnt hatten. Irgendwann muß in Kolumbus das Gefühl entstanden sein, gegen den Rest der Welt antreten zu müssen, um sich und seine Idee durchzusetzen. Vielen seiner Zeitgenossen galt er schlichtweg als Aufschneider und Phantast, und nur der Zufall der «Entdeckung Amerikas» ließ ihn später in so glänzender Weise «recht behalten». Wenn ihn Historiker und Biographen oft genug als visionären Träumer beschrieben haben, der mit seinen Plänen einer Westfahrt viele Jahre lang gegen die Ignoranz und Überheblichkeit seiner Zeitgenossen zu kämpfen hatte, so wird ihm diese Charakterisierung insofern gerecht, als er sein Leben spätestens nach seiner Ankunft in Spanien einer einzigen Idee verschrieb, nämlich den Osten von Westen her zu erreichen. Über den Starrsinn, mit dem er an diesem Ziel festhielt, ist oft spekuliert worden. Der Genuese charakterisierte sich selbst als jemand, dessen Leben von einer religiösen Sendung bestimmt war: *Denn alle, die etwas von meinen Plänen erfahren hatten, bezeichneten sie einstimmig als etwas Lächerliches ... Ich selbst war zwar besorgt, dennoch aber gewiß, daß mein Plan zur Ausführung gelangen würde, und ich bin es noch heute, denn es ist unzweifelhaft, daß alles unbeständig ist, mit Ausnahme von Gottes Wort, und daß sich alles erfüllt, was er sagt. Und Er sprach durch den Mund des Jesajas in vielen Stellen der Heiligen Schrift vollkommen klar und versicherte, daß von Spanien aus Sein heiliger Name verbreitet werden sollte.*[157]

Die Hartnäckigkeit, mit der er seinen Plan verfolgte, wird allerdings auf einer recht profanen Ebene verständlich, wenn man sich vor Augen hält, daß es auch einem Handwerkersohn wie Kolumbus nicht mehr grundsätzlich verwehrt war, im Gesellschaftssystem jener Zeit, das zwar noch vom Feudalismus geprägt war, jedoch schon einige Freiheiten des aufkommenden Kapitalismus kannte, sozial aufzusteigen. Und Kolumbus wollte in die höchsten Kreise Spaniens gelangen, wobei er noch ganz dem Mittelalter verhaftet blieb, da er sich einen Aufstieg im gesellschaftlichen Rahmen des Feudalsystems ersehnte. Die Möglichkeit dazu sah er in der Entdeckung einer neuen, kürzeren und schnelleren Route nach Indien. Dies war seine «Vision», die er mit aller Konsequenz verfolgte, nachdem er in Portugal als Geschäftsmann frühzeitig wohl eher gescheitert war als reüssiert hatte. Denn nur durch eine solche Großtat meinte er, sein (Lebens-)Ziel verwirklichen zu können. Einen deutlichen Hinweis darauf liefern die «Privilegien», die Kolumbus sich vor seiner Atlantiküberquerung ausbat und die in ihrer ganzen berechnenden Maßlosigkeit darauf angelegt waren, den sozialen Aufstieg an die Spitze der gesellschaftlichen Hierarchie finanziell abzusichern. Denn nach der in Europa kursierenden Vorstellung von «Indien» sollte die Ausbeutung der dort vorhandenen Schätze ein leichtes sein.

Wie wenig Kolumbus eigentlich dem Bild des «Entdeckers» entspricht, geht sehr deutlich aus den Eintragungen im *Bordbuch* hervor, denn zielstrebig war er darauf aus, zum Reich des Großen Khans zu gelangen. (Dabei sei als Zeichen für die Unwissenheit der Europäer über die fernöstlichen Länder angemerkt, daß es zum Beispiel in China den Titel «Großkhan» nur bis zum Ende der mongolischen Yüan-Dynastie im Jahre 1368 gab.) Auf der wochenlangen Fahrt weigerte er sich beharrlich, vom eingeschlagenen Westkurs abzuweichen, obwohl er selbst meinte, bereits auf der Höhe von Land zu sein. So schrieb er schon am 19. September: *Wie aus meinen Karten hervorgeht, befinden sich Inseln in jener* nördlichen, *wie ebenso auch in südlicher Richtung, und ich segele zwischen ihnen hindurch. Es ist mein Bestreben, auf direktem Kurs nach Indien zu segeln und mich nicht mit Inseln aufzuhalten, die ich, so Gott will, auf der Rückreise sehen werde.*[158] Und zwei Wochen später, am 3. Oktober, notierte er: *Ich hätte diese Inseln in der letzten Woche aufsuchen können, wollte mich aber nicht durch Kreuzmanöver aufhalten, da sie nicht das Ziel meiner Reise darstellen. Ich habe mir vorgenommen, nach Indien zu gelangen, und es wäre unvernünftig, Zeit mit Inseln zu verlieren, die vor der Küste liegen.*[159] Schließlich ließ er sich am 7. Oktober in erster Linie deswegen auf die geschichtlich so entscheidende Kursänderung nach Westsüdwest ein (sonst wäre er möglicherweise auf den nordamerikanischen Kontinent gestoßen), um der murrenden Mannschaft wieder einmal Land zu zeigen. Denn sein wichtigstes Ziel bestand ja darin, das von Marco Polo in seinem sagenhaften Reichtum beschriebene China zu finden.

Kolumbus muß also als ein Mensch gesehen werden, der sein Leben in den Dienst einer Idee stellte, die er mit großem Starrsinn verfolgte, weil sie ihm die Verwirklichung seines Wunsches versprach, auf einen Schlag hohes gesellschaftliches Ansehen erreichen zu können. Und so unerschütterlich war er von seinen Theorien überzeugt, daß er sich auch nach der «Entdeckung» Amerikas durch nichts von seiner Auffassung abbringen ließ, tatsächlich in Indien angelangt zu sein. Obwohl er auf Menschen traf, die auf einer noch recht einfachen Kulturstufe lebten, und eigentlich nichts in jener später «Westindien» genannten Inselwelt einem Reich entsprach, das Europa seit jeher kostbare und technisch meisterliche Erzeugnisse geliefert hatte, war er auch später nicht in der Lage, seine Vorstellung zu revidieren. (Als die Portugiesen unter Vasco da Gama im Jahr 1498 tatsächlich zum erstenmal in Indien landeten, wurden sie wegen der Geringwertigkeit ihrer Tauschartikel verlacht.)

Auch jene groteske Handlung folgte konsequent aus seinem Weltbild, als er auf seiner zweiten Reise vor der Küste Kubas soweit ging, einen Seerat einzuberufen und zu behaupten, daß man sich in Indien befinde und folglich auf dem Landweg nach Spanien reisen könne, daß es sich bei Kuba also um keine Insel, sondern um einen Teil des asiatischen Festlandes handle. Als Erklärung für ein solches Verhalten kann nur auf die Biographie dieses Mannes verwiesen werden, der viele Jahre damit verbracht hatte, andere Menschen von einem Projekt zu überzeugen, dem er sein Leben verschrieben hatte. Denn am Ende hatte er doch recht behalten, wie er meinte, und aus dieser Überzeugung heraus konnte es ihm einfach nicht mehr gelingen, die wirklichen Verhältnisse unvoreingenommen zu betrachten. Insbesondere war sein Denken von einer sklavischen Büchergläubigkeit bestimmt, so daß er beständig die vorgefundene Wirklichkeit mit dem tradierten Schrifttum verglich, das ihm Erklärungsmuster für alle von ihm angetroffenen Phänomene vorgab. So schrieb er im Jahr 1498 aus Hispaniola, daß er daran erinnert habe, *auf welche Weise die großen Fürsten handelten, um ihren Ruhm zu vermehren, wie zum Beispiel Salomo, der Schiffe bis in den äußersten Osten aussandte, um den Berg Sopora zu suchen, bei dem sich seine Schiffe drei Jahre lang aufhielten; Eure Hoheiten haben jetzt auf der Insel Española diesen Berg in Besitz*[160]. Kolumbus entsprach demnach eigentlich genau dem Gegenteil jenes Bildes vom Renaissance-Menschen, der von einem freien, vorurteilslosen und daher gewitzten Geist geprägt ist, auch wenn auf ihn übertragene Anekdoten diesem Ideal zu entsprechen suchten.

Kolumbus war im Gegenteil noch ganz der scholastischen Denkweise des Mittelalters verhaftet, wonach nicht neue Wahrheiten gefunden, sondern die althergebrachten bestätigt werden sollten. Das Ziel war bereits definiert, jedoch die Erklärungswege dorthin mußten noch überprüft werden. Kolumbus' Ziel lautete «Indien», jedoch war die geeignetste Route dorthin scheinbar noch nicht gefunden. Die empirische Erfahrung nutzte er stets nur zur Erklärung des Bekannten, nie um daraus Neues abzuleiten. Daher erklären sich seine oft grotesken Schlußfolgerungen, wie die von der Gestalt der Erde in Form einer Birne, aber auch die Verbissenheit, ja der Starrsinn, mit denen er sein Ziel zu erreichen suchte.

Obendrein waren seine Vorstellungen und Gedanken in seine tiefe Religiosität eingebunden, und dieser oft schwärmerische Glaube bestimmte entscheidend sein Wesen. So nimmt es nicht wunder, daß er in seinen späteren Jahren Visionen zu empfangen meinte: *Von der Müdigkeit er-*

Kolumbus-Denkmal in Genua

schöpft, schlief ich seufzend ein und hörte eine erbarmungsvolle Stimme zu mir sagen: «Oh du Törichter, Kleingläubiger, schlechter Knecht Gottes; was hat der Gott aller Menschen mehr für Moses oder für seinen Knecht David? Seitdem du geboren bist, trug Er viele Sorge um dich; als du das Alter hattest, das Ihm gefiel, ließ Er deinen Namen auf wunderbare Weise über die ganze Erde klingen.»[161] Sein tiefer, oft wunderlicher Gottesglaube blieb allerdings in so einzigartiger Weise mit seinen weltlichen Angelegenheiten verbunden, daß die Persönlichkeit des Kolumbus treffend durch die beiden Begriffe «Gold» und «Gott» charakterisiert werden kann. Beide(r) suchte er sich zu (ver)sichern, da doch Gott für das Weiterleben in jener Welt stand und Gold ein erträgliches Leben in dieser Welt garantierte. Zudem stellte die kirchliche Ablaßlehre einen direkten Bezug zwischen beiden her, den Kolumbus in die berühmt gewordenen, schon von Karl Marx zitierten Worte faßte: *Gold ist das Beste. Mit ihm sammelt man Schätze, und wer es besitzt, macht mit ihm in der Welt, was er will und erreicht, daß die Seelen ins Paradies kommen.*[162]

Auch wenn sich in der Person des Kolumbus somit das Denken und Fühlen im damaligen Europa ausdrückt, ist die Persönlichkeit des «Entdeckers von Amerika» doch gekennzeichnet durch eine fanatische Religiosität, die Gold und Gott in oft unsäglicher Weise zu verknüpfen suchte, wie dies noch einmal exemplarisch aus den folgenden Sätzen hervorgeht, die er vor seiner vierten Amerika-Reise niederschrieb und als gültige Rechtfertigung all seiner Anstrengungen verstand: *Nachdem ich nach Indien gelangt und das Land gesehen hatte, schrieb ich dem König und der Königin, unseren Herren, daß ich nach sieben Jahren die notwendigen Ausgaben übernehmen wollte, um 50000 Mann Fußvolk und weitere 5000 Mann Reiterei auszurüsten, um das heilige Grab zu erobern und nach weiteren fünf Jahren wollte ich abermals 50000 Mann Fußvolk und weitere 5000 Reiter, zusammen also 100000 Mann Fußvolk und 10000 Reiter, zu diesem Zweck ausrüsten. Unser Herr machte mir offenbar, daß ich vermutlich in diesem Jahr Ihren Hoheiten 120 Zentner Gold geben könnte, eben so viel am Ende von weiteren fünf Jahren; Satan aber hat das alles verhindert... Sie hatten mir die ewige Herrschaft über das alles gegeben, jetzt ist sie mir im Zorne genommen worden. Darin offenbart sich die Arglist des Teufels, damit ein so heiliges Vorhaben nicht zur Ausführung gelangen kann. Aber darüber will ich besser schweigen.*[163]

Anmerkungen

Die Kolumbus-Zitate wurden im wesentlichen folgenden, abgekürzt angeführten Werken entnommen:
Bordbuch: Robert H. Fuson (Hg.): Das Logbuch des Christoph Kolumbus. Bergisch Gladbach 1989. Robert H. Fuson hat in seiner Ausgabe die bei Las Casas in indirekter Rede wiedergegebenen Stellen des *Bordbuchs* in direkte Rede überführt.
Jacob: Ernst Gerhard Jacob (Hg.): Christoph Columbus. Bordbuch, Briefe, Berichte, Dokumente. Bremen 1956
Entdeckungsfahrten: Christoph Kolumbus: Entdeckungsfahrten (Reiseberichte und Briefe von der zweiten, dritten und vierten Entdeckungsfahrt nach Amerika 1493–1506). Zürich und Leipzig 1943
Alle weiteren Zitate stammen, sofern nicht anders angegeben, aus folgenden Werken:
Fernando: Fernando Colombo: Le Historie della vita e dei fatti di Cristoforo Colombo. Milano 1957
Hennig: Richard Hennig: Columbus und seine Tat. Bremen 1940
Kurzgefaßter Bericht: Bartolomé de las Casas: Kurzgefaßter Bericht von der Verwüstung der Westindischen Länder. Frankfurt a. M. 1966
Madariaga: Salvador de Madariaga: Kolumbus, Entdecker neuer Welten. München, Zürich 1982
Martyr: Peter Martyr von Anghiera: Acht Dekaden über die Neue Welt. Darmstadt 1972
Morison: Samuel Eliot Morison: Admiral des Weltmeeres. Bremen-Horn 1948

1 Entdeckungsfahrten 319
2 Entdeckungsfahrten 316–318
3 Entdeckungsfahrten 222
4 Madariaga 59
5 Entdeckungsfahrten 204
6 Jacob 29f
7 Morison 45f
8 Bordbuch 240
9 Christoph Columbus: Dokumente und Beweise seiner Genueser Herkunft. Genua 1932. 136
10 Morison 25
11 Hennig 184
12 Bordbuch 105
13 Madariaga 111
14 Hennig 90
15 Morison 41
16 Fernando 62
17 Siehe Anm. 3
18 Fernando 62
19 Madariaga 113
20 Hennig 182
21 Hennig 181f
22 Morison 70

23 Jacob 56
24 Hennig 136
25 Hennig 187
26 Hennig 186
27 Morison 80
28 Madariaga 182
29 Jacob 55
30 Madariaga 195
31 Madariaga 210f
32 Madariaga 204
33 Jacob 336
34 Madariaga 214
35 Madariaga 223
36 Fernando 96
37 Morison 106
38 Madariaga 240
39 Bordbuch 94
40 Bordbuch 107
41 Bordbuch 108
42 Bordbuch 110
43 Bordbuch 111
44 Bordbuch 114
45 Bordbuch 115
46 Bordbuch 116f. Diese Schilderung stammt nicht aus dem *Bordbuch* des Kolumbus, sondern aus dem Bericht Las Casas' und der Biographie Fernandos.
47 Bordbuch 119
48 Bordbuch 121
49 Bordbuch 125
50 Siehe Bordbuch 346
51 Bordbuch 129
52 Bordbuch 132
53 Bordbuch 135
54 Bordbuch 130, 132, 136
55 Bordbuch 138
56 Bordbuch 154
57 Bordbuch 147
58 Bordbuch 177
59 Bordbuch 155
60 Bordbuch 165
61 Bordbuch 163
62 Bordbuch 170
63 Bordbuch 173
64 Bordbuch 181
65 Bordbuch 183
66 Bordbuch 170
67 Bordbuch 195, 206f, 216, 223, 230, 234, 237, 247
68 Bordbuch 202
69 Bordbuch 198
70 Bordbuch 221
71 Bordbuch 233
72 Bordbuch 232
73 Bordbuch 251
74 Bordbuch 254
75 Bordbuch 255
76 Bordbuch 259
77 Bordbuch 258f
78 Bordbuch 261
79 Bordbuch 277/278
80 Bordbuch 289
81 Bordbuch 308
82 Bordbuch 310
83 Bordbuch 328
84 Bordbuch 331
85 Bordbuch 331
86 Entdeckungsfahrten 216
87 Jacob 209
88 William Eleroy Curtis (Hg.): The Authentic Letters of Columbus. Chicago 1895, 119
89 Jacob 229
90 Entdeckungsfahrten 37
91 Martyr 37
92 Martyr 40
93 Entdeckungsfahrten 40
94 Martyr 41
95 Jacob 243
96 Entdeckungsfahrten 43
97 Entdeckungsfahrten 44
98 Jacob 240
99 Entdeckungsfahrten 44
100 Jacob 244
101 Cecil Jane (Hg.): Select Documents Illustrating the Four Voyages of Columbus, 1930, 90–93
102 Entdeckungsfahrten 101
103 Entdeckungsfahrten 48
104 Entdeckungsfahrten 59
105 Entdeckungsfahrten 60
106 Entdeckungsfahrten 114
107 Martyr 59
108 Entdeckungsfahrten 120
109 Entdeckungsfahrten 70

110 Martyr 62
111 Entdeckungsfahrten 74
112 Entdeckungsfahrten 77
113 Entdeckungsfahrten 117
114 Martyr 64
115 Entdeckungsfahrten 81
116 Entdeckungsfahrten 81
117 Entdeckungsfahrten 80
118 Entdeckungsfahrten 126
119 Entdeckungsfahrten 135
120 Siehe: S. F. Cook und W. Borah: The Indian Population of Central America 1531–1610. Berkeley/ Los Angeles 1960
121 Kurzgefaßter Bericht 12
122 Entdeckungsfahrten 100
123 Kurzgefaßter Bericht 11
124 Martyr 127
125 Kurzgefaßter Bericht 20f
126 Kurzgefaßter Bericht 10f
127 Kurzgefaßter Bericht 26
128 Fritz Blanke: Missionsprobleme des Mittelalters und der Neuzeit. Zürich/Stuttgart 1966, 92
129 Entdeckungsfahrten 123
130 Entdeckungsfahrten 201
131 Entdeckungsfahrten 125
132 Entdeckungsfahrten 78
133 Entdeckungsfahrten 136
134 Entdeckungsfahrten 137f
135 Entdeckungsfahrten 137
136 Entdeckungsfahrten 138
137 Entdeckungsfahrten 138
138 Entdeckungsfahrten 158
139 Entdeckungsfahrten 149–155
140 Entdeckungsfahrten 122f
141 Oskar Peschel: Geschichte des Zeitalters der Entdeckungen. Leipzig 1930, 240 (Zitat nach Las Casas)
142 Entdeckungsfahrten 194
143 Jacob 47f
144 Entdeckungsfahrten 309
145 Entdeckungsfahrten 231f
146 Entdeckungsfahrten 237
147 Entdeckungsfahrten 243
148 Entdeckungsfahrten 243
149 Entdeckungsfahrten 244
150 Entdeckungsfahrten 303
151 Siehe Anm. 88, 156
152 Entdeckungsfahrten 309
153 Jacob 334–336
154 Entdeckungsfahrten 310
155 Entdeckungsfahrten 311f
156 Lateinisches Originalzitat in: Franz Laubenberger: Ringmann oder Waldseemüller? In: Erdkunde (1959), 191–193
157 Entdeckungsfahrten 134
158 Bordbuch 113
159 Bordbuch 122
160 Entdeckungsfahrten 136
161 Entdeckungsfahrten 241
162 Entdeckungsfahrten 250
163 Entdeckungsfahrten 219

Zeittafel

1451	Kolumbus wird zwischen dem 25. August und dem 31. Oktober als ältestes von fünf Kindern in Genua geboren
bis 1476	Stützung des väterlichen Wollgeschäfts. Erste Handelsreisen auf Küstenschiffen, Hinwendung zur Seefahrt
1476	Kolumbus läßt sich in Lissabon als Handelsvertreter nieder
1479	Wahrscheinlich zum letztenmal in Genua. Heirat mit Dona Felipa Perestrello e Moniz, Zugang zu Adelskreisen
1479–1484	Aufenthalt auf der Madeira-Insel Porto Santo. Geburt seines Sohnes Diego (1480). Fahrten nach Guinea und den britischen Inseln. Ausarbeitung seines Projekts einer Westfahrt
1484	Ablehnung seines Plans durch die «Junta dos Mathemáticos»
1485	Ankunft in Spanien
1486	Januar: Reise nach Córdoba an den königlichen Hof
	Mai: Audienz beim spanischen Königspaar. Einsetzung einer Kommission
1488	August: Geburt seines Sohnes Fernando.
1490	Ende des Jahres: Ablehnung seines Plans durch die «Salamanca-Kommission»
1491	Auf Initiative Königin Isabellas nochmalige Einsetzung einer Kommission
1492	Januar: Endgültige Ablehnung des Plans wegen der überzogenen Forderungen
	April: «Kapitulationen von Santa Fé»; königlicher Erlaß mit der Genehmigung zur Westfahrt
	August: Die «Santa María», die «Pinta» und die «Niña» laufen aus Palos aus
	Oktober: Landung auf der Bahamas-Insel Guanahaní (San Salvador). Entdeckung Kubas
	Dezember: Entdeckung Hispaniolas. Nach dem Schiffbruch der «Santa María» Gründung der Siedlung La Navidad
1493	Februar: Nach schwerem Sturm Landung auf der Azoreninsel Santa María
	März: Nach erneutem schwerem Sturm Landung in Lissabon. Empfang durch den portugiesischen König Johann II. Rückkehr nach Palos

	April: Grandioser Empfang durch das spanische Königspaar in Barcelona
	September: Eine Flotte aus 17 Schiffen läuft zur zweiten Amerika-Reise aus
	November: Entdeckung der Kleinen Antillen und Puerto Ricos
	Dezember: Gründung der Siedlung Isabela an der Nordküste Hispaniolas
1494	April: Kolumbus unternimmt mit drei Schiffen erneut eine Entdeckungsreise
	Mai: Entdeckung Jamaikas.
	September: Nach körperlichem Zusammenbruch Rückkehr nach Isabela
1495	Unterwerfung der eingeborenen Bevölkerung Hispaniolas. Rebellionen der Kolonisten
1496	Juni: Nach schwerer Atlantik-Überfahrt Rückkehr nach Spanien
	Juli: Triumphzug zum Königshof nach Burgos
1497	Lange Zeit des Wartens auf die Ausrüstung und Finanzierung einer dritten Flotte
1498	Mai: Aufbruch zur dritten Reise
	Juli: Entdeckung Trinidads, der Orinoco-Mündung und der Insel Margarita
	August: Eintreffen in der neugegründeten Stadt Santo Domingo und erneuter Versuch, in der Kolonie die Herrschaft auszuüben
1500	Oktober: Rückkehr nach Spanien in Ketten
	Dezember: Keine Rehabilitation am Königshof
1501	*Buch der Prophezeiungen*
1502	Mai: Aufbruch zur vierten Entdeckungsreise («Hohe Fahrt»)
	Juli: Entdeckung Mittelamerikas und Suche nach einer Meeresdurchfahrt Richtung Westen
1503	Januar bis April: Vergeblicher Versuch einer Siedlungsgründung
	Juni: Verlust der letzten beiden Schiffe auf Jamaika
1504	Juni: Ende des einjährigen Zwangsaufenthalts auf Jamaika
	November: Nach schwerer Atlantiküberfahrt Rückkehr nach Spanien
1505	Mai: Ergebnislose Vorsprache am königlichen Hof zur Bestätigung seiner Privilegien
1506	20. Mai: Unbeachteter Tod in Valladolid

Zeugnisse

Johann Gottfried von Herder

Ha Schöpfer Kolon! Ha, wie hast du uns die Welt
mit Land und Volk und Silbergeld
und Schmuck und Zier und Wissenschaft
ums Vierteil uns vermehret!

Ach Mörder Kolon! ach und wie denn unsre Welt
und alles, was sie schöner hält,
Reiz, Sitte, Leben, Jugendkraft,
mit deinem Gift verheeret!

Epigramme

Johann Wolfgang von Goethe
Ein merkwürdiges Beispiel, wie die Nachwelt irgendeinem Vorfahren die Ehre zu rauben geneigt ist, sehen wir an den Bemühungen, die man sich gab, Christoph Kolumbus die Ehre der Entdeckung der neuen Welt zu entreißen. Freilich hatte die Einbildungskraft den westlichen Ozean schon längst mit Inseln und Land bevölkert, daß man sogar in der ersten düsteren Zeit lieber eine ungeheure Insel untergehen ließ als daß man diese Räume leer gelassen hätte. Freilich waren die Nachrichten von Asien her schon weit herangerückt. Kühngesinnten und Wagehälsen genügte die Küstenschiffahrt nicht mehr, durch die glückliche Unternehmung der Portugiesen war die ganze Welt in Erregung; aber es gehörte denn doch zuletzt ein Mann dazu, der das alles zusammenfaßte, um Fabel und Nachricht, Wahn und Überlieferung in Wirklichkeit zu verwandeln.

Naturwissenschaftliche Schriften

Alexander von Humboldt
Der Erfolg, welchen er erlangte, war eine Eroberung durch Nachdenken. Schon aus diesem Grunde erhebt sich Kolumbus bei weitem über die Seefahrer, welche es unternommen hatten, die Südspitze Afrikas zu umschiffen. Der Admiral verengte nicht allein den Atlantischen Ozean und die

Ausdehnung sämtlicher Meere, welche die Erdoberfläche bedecken, er verringerte auch in gleichem Maße die Dimensionen der Erdkugel selbst. [...] Der Ruhm des Kolumbus beruht gleich dem sämtlicher außerordentlicher Männer, welche durch Schriften oder Handlungen den Kreis des Wissens erweitert haben, ebensosehr auf den Fähigkeiten des Geistes und der Stärke des Charakters, deren Antrieb den Erfolg ins Werk stellt, als auf dem mächtigen Einfluß, welchen sie, fast immer ohne es zu wollen, auf die Bestimmungen des Menschengeschlechtes ausgeübt haben. [...] Wir wollen keineswegs untersuchen, was an Kolumbus am meisten zu bewundern ist, die fast instinktmäßige Klarheit seines Geistes oder die Erhabenheit und Festigkeit seines Charakters. [...] Niemals hat eine rein die Körperwelt betreffende Entdeckung durch Erweiterung des Gesichtskreises eine außerordentlichere und dauerndere Veränderung in geistiger Beziehung hervorzurufen vermocht: damals endlich wurde der Schleier gehoben, hinter welchem Jahrtausende hindurch die andere Hälfte der Erdkugel verborgen gelegen hatte.

Kritische Untersuchungen über die historische Entwicklung der geographischen Kenntnisse von der Neuen Welt

Friedrich Hölderlin

Wünscht ich der Helden einer zu sein
Und dürfte frei es bekennen,
So wäre es ein Seeheld.
[...]
Und hin nach Genua will ich,
Zu erfragen Kolombos Haus,
Wo er
In süßer Jugend gewohnet.

Hymnische Entwürfe

Bettine von Arnim

Und wie alle Wahrheit Fabel ist, das heißt Gottesverheißung in der körperlichen Geistigkeit der Idee, und wie alle Geschichte Symbolik ist, das heißt Gottessprache mit dem Menschengeist, um ihn auf die Wahrheit steuern zu lehren, so ist denn auch die Geschichte des Kolumbus ein göttlich Bereden und Berufen des Menschengeistes, seine Segel aufzuspannen und kühn auf jene Welt loszusteuern, die er sich selber weissagend, sehnsüchtig erreichen möchte; – und die Fabel dieser wahrgewordenen Ahnung ist die Verheißung, daß auch der Menschengeist glücklich landen werde, wenn er seinem Mut vertraut, denn wie wollten wir den Mut wecken und erziehen in uns, vertrauten wir nicht der eingeborenen Kraft – dem Genius.

Brief an Karoline von Günderode

Arthur Schopenhauer
Gleichwie der Finder einer Sache nur der ist, welcher sie, ihren Wert erkennend, aufhob und bewahrte; nicht aber der, welcher sie zufällig ein Mal in die Hand nahm und wieder fallen ließ; oder, wie Kolumbus der Entdecker Amerika's ist, nicht aber der erste Schiffbrüchige, den die Wellen ein Mal dort abwarfen.

Fragmente zur Geschichte der Philosophie

Jacob Burckhardt
Von den Entdeckern ferner Länder ist nur Kolumbus groß, aber sehr groß gewesen, weil er sein Leben und eine enorme Willenskraft an ein Postulat setzte, welches ihn mit den größten Philosophen in einen Rang bringt.

Weltgeschichtliche Betrachtungen

Ernst Bloch
Wie oft gab es sonst noch, mit einem Objekt selber Geneigten für sich, den Saul, der ausging, Eselinnen zu suchen und ein Königreich fand. Kolumbus oder die Entdeckung eines Kontinents statt eines Seewegs nach Indien ist genau für positive Heterogonie der Zwecke der schlagende Archetyp.

Über Heterogonie der Zwecke

Kurt Tucholsky und Walter Hasenclever

AMERIGO (geht zu Kolumbus): Gestatten Sie, daß ich mich vorstelle. Mein Name ist Vespucci. (Pause) Amerigo Vespucci. (Pause) Sie haben sicher schon von mir gehört.
KOLUMBUS: Bedaure. Wie war der Name?
AMERIGO: Amerigo Vespucci. Nach mir ist der neue Erdteil benannt. Ich habe ein Buch über meine Expedition veröffentlicht.
KOLUMBUS: Gratuliere.
AMERIGO (feierlich): Herr Admiral, ich muß Ihnen die Hand drücken. Sie waren der erste. Sie sind wirklich ein großer Mann. Sie haben Amerika entdeckt.
KOLUMBUS: Was habe ich entdeckt?
AMERIGO: Amerika existiert. Ich habe mich selbst davon überzeugt.
KOLUMBUS: Amerika? Ich habe den Seeweg nach Asien gefunden.
AMERIGO: Sie haben etwas viel Größeres gefunden. Einen neuen Erdteil.
KOLUMBUS: Es gibt keinen neuen Erdteil.
AMERIGO: Die Berechnungen des vorigen Jahrhunderts sind falsch. Asien liegt ganz woanders.
KOLUMBUS: Wollen Sie mich, einen alten Mann, belehren? Hier, fragen Sie meine Kameraden. Wißt ihr noch, was ihr auf unserer letzten Reise geschworen habt?

KOCH: Wir haben feierlich geschworen, daß wir das Festland von Asien erreicht haben.
DIEGO: Jawohl, das haben wir.
RODRIGO: Und das haben wir alle unterzeichnet. Auf so einem großen Stück Pergament!
KOLUMBUS (zu Amerigo): Und da wollen Sie uns erzählen, wir seien gar nicht in Asien gewesen! Machen Sie sich nicht lächerlich.
Christoph Kolumbus oder Die Entdeckung Amerikas (Schlußszene), in: Die Weltbühne (1932, Nr. 40)

Wladimir Majakowski

Ein Zeitalter ging.
Der einst jugendlich blitzende,
stolze Atlantik
ward alt und faul.
Heut spuckt
vom Bord jedes ‹Majestic›
der besitzende
Mob
in sein schnauzbart-umsilbertes Maul.
Kolumbus!
Wo bleiben dir
Erben und Nachfahrn?
Im stinkenden Kielraum
liegen deine Mündel,
der Maschinenhölle
schwitzende Nachbarn,
unterm Kopf
das erbärmliche
Auswandrerbündel.
Und droben,
im Flor
erstklassiger Betten,
auf Tanzdielen schlurrend,
bei Five o'clock teas,
in gemütlichen Kinos,
Klubs
und Klosetten –
Donnas,
Signori,
Yankees
und Cocktails.

Kolumbus,
verzeih, –
du warst Narr unter Räubern.
Was mich betrifft,
würd ich
mit einem kecken
Zugriff Amerika zudecken,
säubern –
und dann erst
verwandelt
wiederentdecken.

Aus dem Gedicht Christophor Kolumbus. In: Entdeckung Amerikas

Bibliographie

1. Bibliographien, Lebenszeugnisse, Schriften

Alvar, Manuel (Hg.): Diario del descubrimiento. Gran Canaria 1976. 2 Bde.
Arce, Joaquin, und M. Gil Esteve (Hg.): Diario de a bordo de Cristóbal Colón. Turin 1971
Bernaldez, Andrés: Historia de los Reyes Católicos. Sevilla 1870
Bry, Theodor de: Historia Indiae occidentalis Americae Pars Quinta. Frankfurt a. M. 1595
Caddeo, Rinaldo: Giornale di bordo di Cristoforo Colombo. Mailand 1939
Colombo, Cristoforo: Giornale di bordo del primo viaggio e della scoperta delle Indie. Mailand 1992
Colombo, Fernando: Le historie della vita e dei fatti di Cristoforo Colombo. Mailand 1958. 2 Bde.
Columbus, Christoph: Das Bordbuch. München 2001
Columbus, Christoph: Schiffstagebuch. Frankfurt a. M. 1981
Curtis, William Eleroy (Hg.): The Authentic Letters of Columbus. Chicago 1895
Documentos Inéditos de Ultramar. Colección de documentos inéditos relativos al descubrimiento, conquista y organización de las antiguas posesiones españolas de ultramar. Madrid 1885–1928. 21 Bde.
Dunn, Oliver C., und James E. Kelley Jr. (Hg.): The Diario of Christopher Columbus's First Voyage to America: 1492–1493. Norman, London 1989
Eberhardt, Fritz: Amerika-Literatur. Die wichtigsten seit 1900 in deutscher Sprache erschienenen Werke über Amerika. Leipzig 1926
Fuson, Robert H. (Hg.): Das Logbuch des Christoph Kolumbus. Bergisch Gladbach 1989
Grün, Robert (Hg.): Christoph Columbus. Das Bordbuch. Tübingen, Basel 1970
Häbler, Konrad (Hg.): Der deutsche Kolumbus-Brief. Straßburg 1900
Herrera, Antonio de: Historia general de los hechos de los Castellanos. Madrid 1601
Istituto Civico Colombiano: Bibliografia Colombiana. Genua 1892 bis 1952
Jacob, Ernst Gerhard (Hg.): Christoph Columbus. Bordbuch, Briefe, Berichte, Dokumente. Bremen 1956
Jakob, Ernst Gerhard, Friedemann Berger (Hg.): Christoph Columbus. Dokumente seines Lebens und seiner Reisen. Leipzig 1991. 2 Bde.
Jane, Cecil (Hg.): Select Documents Illustrating the Four Voyages of Columbus. London 1930. 2 Bde.

Kolumbus, Christoph: Entdeckungsfahrten. Reiseberichte und Briefe von der zweiten, dritten und vierten Entdeckungsfahrt nach Amerika 1493–1506. Zürich, Leipzig 1943
Las Casas, Bartolomé de: Historia de las Indias. Mexiko 1986
Lollis, Cesare de (Hg.): Raccolta Colombiana. Rom 1892. 14 Bde.
Major, R. H.: Select Letters of Christopher Columbus, with Other Original Documents, Relating to his first four Voyages to the New World. London 1847
Martyr, Peter von Anghiera: Acht Dekaden über die Neue Welt. Darmstadt 1972
Morison, Samuel E.: Journals and Other Documents on the Life and Voyages of Christopher Columbus. New York 1963
Navarette, Martín Fernández de: Viages de Colón. Madrid 1825–29. 3 Bde.
Oviedo y Valdés, Gonzalo Fernández de: Historia general y natural de las Indias. Asunción 1944. 14 Bde.
Pacheco, J. F., F. de Cardenas und L. Torres de Mendoza (Hg.): Documentos Inéditos de America. Colección de documentos inéditos relativos al descubrimiento, conquista y colonización de las posesiones españolas en America y Oceania, sacados de los archivos del reino, y muy especialmente del de Indias. Madrid 1864–1884. 42 Bde.
Polo, Marco: Il Milione. Die Wunder der Welt. Zürich 1983
Praesent, Hans: Ibero-amerikanische Bibliographie 1930 bis 1943. Band 1–50. Beilage zum Ibero-amerikanischen Archiv (Berlin)
Real Academia de la Historia: Bibliografia Colombina. Madrid 1892
Sanz, Carlos (Hg.): Diario de Colón. Libro de la primera navegación y descubrimiento. Madrid 1962. 2 Bde.
Studi Colombiani. Genua 1952. 3 Bde.
Varela, Consuelo (Hg.): Cristóbal Colón. Textos y documentos completos. Madrid 1982

2. Gesamtdarstellungen

Bürger, Klaus: Christoph Kolumbus. Leipzig 1979
Collis, John Stewart: Christoph Kolumbus. München 1991
Dor-Ner, Zvi: Kolumbus und das Zeitalter der Entdeckungen. Köln 1991
Faber, Gustav: Auf den Spuren von Christoph Kolumbus. München 1987
Giardini, Cesare: Kolumbus und seine Zeit. Wiesbaden 1966
Goldschmit-Jentner, Rudolf K.: Christoph Columbus. Hamburg 1949
Granzotto, Gianni: Christoph Kolumbus. Stuttgart 1985
Irving, Washington: Leben und Reisen des Christoph Columbus. Rostock 1984
Lange, P. Werner: Ich war am Rande des Paradieses ... Das Leben des Christoph Kolumbus. Leipzig 1980
Madariaga, Salvador de: Kolumbus. Entdecker neuer Welten. München, Zürich 1982
Morison, Samuel Eliot: Admiral des Weltmeeres. Bremen-Horn 1948
Pleticha, Heinrich (Hg.): Kolumbus. Person, Zeit, Nachwelt. Gütersloh 1977
Sale, Kirkpatrick: Das verlorene Paradies. Christoph Kolumbus und die Folgen. Reinbek 1993
Thacher, John Boyd: Christopher Columbus. New York 1967. 3 Bde.
Venzke, Andreas: Der «Entdecker Amerikas». Aufstieg und Fall des Christoph Kolumbus. Zürich 1991

Verlinden, Charles: Christoph Kolumbus. Göttingen, Berlin, Frankfurt a. M. 1962
Wassermann, Jakob: Christoph Kolumbus. Der Don Quichote des Ozeans. Berlin 1929
Wiesenthal, Simon: Segel der Hoffnung. Olten 1972

3. Untersuchungen

Armborst, Stefan, Heinz Dieterich und Hanno Zickgraf (Hg.): Sieger und Besiegte im Fünfhundertjährigen Reich. Bonn 1991
Barrientos, Juan Jose: Colon. Personaje novelesco. In: Cuadernos hispanoamericanos (1986), S. 45–62
Beck, Rainer (Hg.): 1492 – Die Welt zur Zeit des Kolumbus. München 1992
Behrmann, Walter: Die Entschleierung der Erde. Frankfurt a. M. 1949
Bitterli, Urs: Die Entdeckung Amerikas. Von Kolumbus bis Alexander von Humboldt. München 1991
Blake, Jon Viscent: Aspectos de la conquista intelectual de América en la obra de Cristóbal Colón. In: Romance Notes (1974), S. 236–245
Burckhardt, Jacob: Weltgeschichtliche Betrachtungen. Stuttgart 1978
Cardona, Faust: Cristovao Colombo ... esse desconhecido. In: Revista de História (1974), S. 523–534
Chamson, André: L'œuf de Christophe Colomb. In: Nouvelle revue française (1965), S. 591–606
Cook, S. F., und W. Borah: The Indian Population of Central America 1531–1610. Berkeley/Los Angeles 1960
Cronau, Rudolf: Amerika. Die Geschichte seiner Entdeckung von der ältesten bis auf die neueste Zeit. Leipzig 1892. 2 Bde.
Cummins, J. S.: Christopher Columbus. Crusaders, Visionary, and Servus Dei. In: Medieval Archaeology (1976), S. 45–55
Davies, Arthus: Columbus Divides the World. In: The Geographical Journal (1967), S. 337–343
Dieterich, Heinz (Hg.): Die Neuentdeckung Amerikas. Göttingen 1990
Dreyer-Eimbcke, Oswald: Kolumbus. Entdeckungen und Irrtümer der deutschen Kartographie. Frankfurt a. M. 1991
Dyson, John: Columbus. Die Entdeckung seiner geheimen Route in die Neue Welt. München 1991
Fastenrath, Johannes: Christoph Columbus. Studien zur spanischen vierten Centenarfeier der Entdeckung Amerikas. Leipzig 1895
Forbes, Jack D.: Columbus & andere Kannibalen. Die indianische Sicht der Dinge. Wuppertal 1992
Fuson, Robert H.: The Diario de Colón. A legacy of Poor Transcription, Translation, and Interpretation. In: Terrae Incognitae 15 (1983), S. 51–75
Galeano, Eduardo: Die offenen Adern Lateinamerikas. Wuppertal 1985
Gelcich, Eugen: Columbus als Seemann und Nautiker. In: Zeitschrift der Gesellschaft für Erdkunde (1885)
Gil, Juan: El rol del tercer viaje colombino. In: Historiografia y Bibliografia Americanistas (1985), S. 83–110
Gil, Juan: Las cuentas de Cristóbal Colón. In: Anuario de estudios americanos (1984), S. 425–511

–: Los primeros memoriales de agravios colombinos. In: Historiografia y Bibliografia Americanistas (1987), S. 3–25
Guerra, Francisco: Las enfermedades de Colón. In: Quinto Centenario (1986), S. 17–34
Guillén y Tato, Julio F.: La parla marinera en el diario del primer viaje de Cristóbal Colón. Madrid 1951
Gunda, Béla: Who Were the First People Whom Columbus Met in America? In: Folklore (1977), S. 191–193
Harisse, Henry: The Discovery of North America. London, Paris 1892
Helps, A. G.: The Spanish Conquest in America and its Relation to the History of Slavery and the Government of Colonies. London 1855. 4 Bde.
Hennig, Richard: Columbus und seine Tat. In: Bremer Wissenschaftliche Gesellschaft 13 (1940), Heft 4
–: Terrae incognitae. Eine Zusammenstellung und kritische Bewertung der wichtigsten vorcolumbischen Entdeckungsreisen an Hand der darüber vorliegenden Originalberichte. Leiden 1944–1956. 4 Bde.
Hermann, Ingo: Und dann kam Kolumbus. Als die Welt sich veränderte. München 1992
Herrmann, Paul: Zeig mir Adams Testament. Wagnis und Abenteuer der Entdeckungen. Hamburg 1956
Humboldt, Alexander von: Kritische Untersuchungen über die historische Entwicklung geographischer Kenntnisse von der Neuen Welt und die Fortschritte der nautischen Astronomie in dem 15. und 16. Jh. Berlin 1836–1852. 3 Bde.
Irnberger, Harald, und Ingrit Seibert: Der Admiral in seinem Labyrinth. Entdekkungsreisen an die Orte des Kolumbus. Dortmund 1992
Irving, Washington: Reisen der Gefährten des Columbus. Frankfurt a. M. 1831
Jacob, Gerhard: Columbus bleibt aktuell. In: Welt und Wort (1967), S. 299–301
Kahle, Paul: Die verschollene Columbus-Karte von 1498 in einer türkischen Weltkarte des Seemanns Piri Re'is von 1513. Berlin, Leipzig 1933
Kelley Jr., James E.: In the Wake of Columbus on a Portolan Chart. In: Terrae Incognitae (1983), S. 77–111
Klöss, Erhard: Die Herren der Welt. Köln 1985
Kohl, Karl Heinz (Hg.): Mythen der Neuen Welt. Zur Entdeckungsgeschichte Lateinamerikas. Berlin 1982
Konetzke, Richard: Entdecker und Eroberer Amerikas. Frankfurt a. M. 1963
–: Neuere Kolumbusforschung. In: Jahrbuch für Geschichte von Staat, Wirtschaft und Gesellschaft Lateinamerikas (1968), S. 366–367
Kretschmer, Konrad: Die Entdeckung Amerikas in ihrer Bedeutung für die Geschichte des Weltbildes. Berlin 1892
Lalung, H. de: Les Caráibes. Un peuple étrange aujourd'hui disparu. Paris 1948
Larner, John: The Certainty of Columbus. Some Recent Studies. In: The History (1988), S. 3
Las Casas, Bartolomé de: Kurzgefaßter Bericht von der Verwüstung der Westindischen Länder. Frankfurt a. M. 1966
Loven, Sven: Origins of the Tainan Culture, West Indies. Göteborg 1935
Lubin, Maurice A.: First Letters from the New World. In: Americas (1971), S. 2–12
McElroy, John W.: The Ocean Navigation of Columbus on his First Voyage. In: American Neptune (1941), S. 209–240

Michelone, Emilio: Il mito di Cristoforo Colombo. Mailand 1985
Mires, Fernando: Im Namen des Kreuzes. Freiburg (CH), Brig 1989
Moebus, Joachim: Bestimmung des Wilden und Entwicklung des Verwertungsstandpunkts bei Kolumbus. In: Das Argument (1973), S. 273–307
Nebenzahl, Kenneth: Der Kolumbus-Atlas. Karten aus der Frühzeit der Entdeckungsreisen. Braunschweig 1990
Neukirchen, Heinz: Seefahrt. Berlin (DDR) 1985
Niess, Frank: Am Anfang war Kolumbus. Geschichte einer Unterentwicklung. Lateinamerika 1492 bis heute. München 1991
Parry, John H.: Das Zeitalter der Entdeckungen. München 1978. Bd. 12
Pastor, Xavier: Die Kolumbus-Schiffe. Bielefeld 1993
Paulus, Beate: Columbus. Der träumende Realist. In: Anno Journal (1981), S. 44–46
Peña y Camara, J. M. de la (Hg.): Nueva lista documentada de los tripulantes de Colón en 1492. Madrid 1984
Peschel, Oskar: Geschichte des Zeitalters der Entdeckungen. Leipzig 1930
Peter, Karl H.: Wie Kolumbus navigierte. Herford 1972
Plischke, Hans: Christoph Kolumbus. Die Entdeckung Amerikas. Leipzig 1923
Power, Robert H.: The Discovery of Columbus's Island Passage to Cuba, October 12–27, 1492. In: Terrae Incognitae (1983), S. 151–172
Prestage, Edgar: Die portugiesischen Entdecker. München 1933
Rauchhaupt, Fr. W. v.: Völkerrechtliche Eigentümlichkeiten Amerikas, insbesondere Hispano-Amerikas. Berlin 1924
Revelli, Paolo (Hg.): Cristoforo Colombo e la Scuola Cartografica Genovese. Genua 1937. 3 Bde.
Ross, Stewart: Columbus and the Age of Exploration. Hove 1985
Saco, J. A.: Historia de la esclavitud de los indios en el nuevo mundo, seguida de la historia de los repartimientos y encomiendas. Havana 1932
Saenz de Calahorra, Saul: Vicisitudes de un descubridor. In: Cupey (1986), S. 87–99
Samhaber, Ernst: Geschichte der Entdeckungsreisen. Die großen Fahrten ins Unbekannte. München, Zürich 1970
Seghetti, M. Domenico: Savona nella vita di Cristoforo Colombo e della sua famiglia paterna. Savona 1957
Simon, Rolf: Über die jüdische Abstammung des Christoph Kolumbus. In: Neue deutsche Hefte (1976), S. 564–570
Solis Santos, Carlos: Cristóbal Colón y el saber de los arabes. In: Arbor (1986), S. 93–108
Stein, Wolfgang (Hg.): Kolumbus oder Wer entdeckte Amerika? München 1992
Streicher, Fritz: Die Kolumbus-Originale. Eine paläographische Studie. In: Aufsätze zur Kulturgeschichte Spaniens (1928), S. 196–250
Stückelberger, Alfred: Kolumbus und die antiken Wissenschaften. In: Archiv für Kulturgeschichte (1987), S. 331–340
Sudhoff, Heinke: Sorry Kolumbus. Seefahrer der Antike entdecken Amerika. Bergisch Gladbach 1990
Taviani, Paolo E.: Meravigliosa avventura di Cristoforo Colombo. In: Istituto Geografico De Agostini (1989), S. 316
Theye, Thomas (Hg.): Wir und die Wilden. Einblicke in eine kannibalische Beziehung. Reinbek 1995

Todorov, Tzvetan: Die Eroberung Amerikas. Das Problem des Anderen. Frankfurt a. M. 1985
Trivinos Araneda, Gilberto: Los relatos colombinos. In: Ideologies & Literature (1988), S. 81
Varela, Consuelo: El rot del cuarto viaje colombino. In: Anvario de estudios americanos (1985), S. 243–295
Ventura, Piero: Columbus entdeckt die Neue Welt. Zürich, München 1977
Vignaud, Henry: Toscanelli and Columbus. New York 1902
Watts, Pauline Moffitt: Prophecy and Discovery. On the Spiritual Origins of Cristopher Columbus's «Enterprise of the Indies». In: American Historical Review (1985), S. 73–102
Weber, Hartwig: Die Opfer des Kolumbus. Reinbek 1982
Wetzel, Ernst: Der Kolumbus-Stoff im deutschen Geistesleben. Breslau 1935
Williams, Eric: Documents of West Indian History, 1492–1655. Port-of-Spain 1963
–: From Columbus to Castro: The History of the Caribbean 1492–1969. London 1970
Winter, Heinrich: Die Kolumbusschiffe von 1492. Rostock 1980
Zechlin, Egmont: Das europäische Weltbild und die Entdeckung Amerikas. In: Völker und Meere (1944)

Namenregister

Die kursiv gesetzten Zahlen bezeichnen die Abbildungen

Über den Autor

Andreas Venzke, geb. 1961, lebt als freier Autor in Freiburg im Breisgau.

Quellennachweis der Abbildungen

Ullstein Bilderdienst, Berlin: 6, 13 unten,15, 119, 131, 134, 139
SCALA, Florenz: 8/9, 12 oben und unten, 85, 120, 128
Historia-Photo, Hamburg: 13 oben, 39 rechts, 44, 68, 135
Archiv für Kunst und Geschichte, Berlin: 14, 19, 33, 35, 51, 54/55, 65, 66, 67, 70, 73, 74, 77, 84, 90, 95, 101, 102, 117, 118, 123 unten, 129, 140
Aus: John Boyd Thacher: The Continent of America. Its Discovery and its Baptism. New York 1896, Reprint Amsterdam 1971: 17, 132
Aus: Heinrich Pleticha: Kolumbus. Person – Zeit – Nachwelt. Gütersloh 1977: 22, 24
Aus: Hans Plischke: Entdeckungsgeschichte vom Altertum bis zur Neuzeit. Leipzig 1933: 25
Biblioteca Columbia, Sevilla: 30
Aus: Konrad Kretschmer: Die Entdeckung Amerikas in ihrer Bedeutung für die Geschichte des Weltbildes. Atlasband. London – Berlin – Paris 1892: 34
Royal Collection, St. James's Palace. © Her Majesty Queen Elizabeth II: 39 links
Aus: Nestor Ponce de León: The Columbus Gallery New York 1893: 40
Aus: Robert F. Fuson (Hg.): Das Logbuch des Christoph Kolumbus. Bergisch-Gladbach 1989: 52, 56, 58
Foto Hessische/Niedersächsische Allgemeine-Archiv, Kassel; Montage Gerhard Venzke, Baunatal: 53
Aus: Los Diarios del Gran Descubrimiento. Ausgewählt und kommentiert von Paolo Emilio Taviani. Guayaquil/Ecuador 1987: 60, 89, 114, 123 oben
Giraudon/Art Resource: 81
Aus: Charles Duff: The Truth about Columbus and the Discovery of America. London 1936: 82
Aus: Jean Descola: The Conquistadors. London 1957: 103
The New York Public Library Rare Book Division: 104
Aus: City of Genua. Christoph Columbus. Documents and Proofs of his Genoese origins. Englisch-deutsche Ausgabe. Bergamo 1932: 111, 121
James Ford Bell Collection, University of Minnesota, Minneapolis: 132/133
Nach: Die Cosmographiae Introductio des Martin Waldseemüller (Ilacomilus) in Faksimiledruck. Hg. von Fr. R. v. Wieser. Straßburg 1907: 133 unten